CW00695013

Tucholsky Wagner Zola Scott Sydow Freud Schlegel
Turgenev Fonatne Wallace
Twain Walther von der Vogelweide Fouqué Friedrich II. von Preußen
Weber Freiligrath Frey
Kant Ernst
Fechner Fichte Weiße Rose von Fallersleben Richthofen Frommel
Engels Fielding Hölderlin Dumas
Fehrs Faber Flaubert Eichendorff Tacitus
Feuerbach Maximilian I. von Habsburg Fock Eliasberg Ebner Eschenbach
Ewald Eliot Zweig
Goethe Vergil
Mendelssohn Balzac Shakespeare Elisabeth von Österreich London
Lichtenberg Rathenau Dostojewski Ganghofer
Trackl Stevenson Doyle Gjellerup
Mommsen Tolstoi Hambruch
Thoma Lenz Hanrieder Droste-Hülshoff
Dach Verne von Arnim Hägele Hauff Humboldt
Reuter Rousseau Hagen Hauptmann Gautier
Karrillon Garschin Defoe Baudelaire
Damaschke Descartes Hebbel Hegel Kussmaul Herder
Wolfram von Eschenbach Schopenhauer Rilke George
Darwin Dickens Grimm Jerome Bebel
Bronner Melville Proust
Campe Horváth Aristoteles Federer Herodot
Bismarck Vigny Barlach Voltaire
Gengenbach Heine
Storm Casanova Tersteegen Gilm Grillparzer Georgy
Chamberlain Lessing Langbein Gryphius
Brentano Lafontaine
Strachwitz Claudius Schiller Kralik Iffland Sokrates
Katharina II. von Rußland Bellamy Schilling
Gerstäcker Raabe Gibbon Tschechow
Löns Hesse Hoffmann Gogol Wilde Gleim Vulpius
Luther Heym Hofmannsthal Klee Hölty Morgenstern
Roth Heyse Klopstock Kleist Goedicke
Luxemburg Puschkin Homer Mörike
La Roche Horaz Musil
Machiavelli Kierkegaard Kraft Kraus
Navarra Aurel Musset Moltke
Nestroy Marie de France Lamprecht Kind Kirchhoff Hugo
Laotse Ipsen Liebknecht
Nietzsche Nansen Ringelnatz
Marx Lassalle Gorki Klett Leibniz
von Ossietzky May vom Stein Lawrence Irving
Petalozzi Knigge
Platon Pückler Michelangelo Kock Kafka
Sachs Poe Liebermann
de Sade Praetorius Mistral Zetkin Korolenko

La maison d'édition tredition, basée à Hambourg, a publié dans la série **TREDITION CLASSICS** des ouvrages anciens de plus de deux millénaires. Ils étaient pour la plupart épuisés ou uniquement disponible chez les bouquinistes.

La série est destinée à préserver la littérature et à promouvoir la culture. Elle contribue ainsi au fait que plusieurs milliers d'œuvres ne tombent plus dans l'oubli.

La figure symbolique de la série **TREDITION CLASSICS**, est Johannes Gutenberg (1400 - 1468), imprimeur et inventeur de caractères métalliques mobiles et de la presse d'impression.

Avec sa série **TREDITION CLASSICS**, tredition à comme but de mettre à disposition des milliers de classiques de la littérature mondiale dans différentes langues et de les diffuser dans le monde entier. Toutes les œuvres de cette série sont chacune disponibles en format de poche et en édition relié. Pour plus d'informations sur cette série unique de livres et sur l'éditeur tredition, visitez notre site: www.tredition.com

tredition a été créé en 2006 par Sandra Latusseck et Soenke Schulz. Basé à Hambourg, en Allemagne, tredition offre des solutions d'édition aux auteurs ainsi qu'aux maisons d'édition, en combinant à la fois édition et distribution du contenu du livre en imprimé et numérique et ce dans le monde entier. tredition est idéalement positionnée pour permettre aux auteurs et maisons d'édition de créer des livres dans leurs propres domaines et sujets sans prendre de risques de fabrication conventionnelles.

Pour plus d'informations nous vous invitons à visiter notre site: www.tredition.com

Les Femmes qui tuent et les Femmes qui votent

Alexandre Dumas fils

Mentions légales

Cette œuvre fait partie de la série TREDITION CLASSICS.

Auteur: Alexandre Dumas fils
Conception de couverture: toepferschumann, Berlin (Allemagne)

Editeur: tredition GmbH, Hambourg (Allemagne)
ISBN: 978-3-8491-3721-2

www.tredition.com
www.tredition.de

L'objectif de TREDITIONS CLASSICS est de mettre à nouveau à disposition des milliers d'œuvres de classiques français, allemands et d'autres langues disponible dans un format livre. Les œuvres ont été scannés et digitalisés. Malgré tous les soins apportés, des erreurs ne peuvent pas être complètement exclues. Nos partenaires et nous même, tredition, essayons d'aboutir aux meilleurs résultats. Toutefois, si des fautes subsistent, nous vous prions de nous en excuser. L'orthographe de l'œuvre originale a été reprise sans modification. Il se peut que ce dernier diffère de l'orthographe utilisée aujourd'hui.

ALEXANDRE DUMAS FILS

de l'Académie Française

LES

FEMMES QUI TUENT

ET LES

FEMMES QUI VOTENT

DOUZIÈME ÉDITION

1

LES FEMMES QUI TUENT

ET

LES FEMMES QUI VOTENT

A JULES CLARETIE

20 août 1880.

Mon cher Claretie,

Vous avez publié le 24 août un long article dans *le Temps*, sur les derniers procès de mademoiselle Dumaire et de madame de Tilly. Cet article contenait à la fin les lignes suivantes:

Je m'attendais à ce que M. Dumas prît 2 la parole dans ce vif et poignant débat. Il est le grand avocat consultant de ces causes saignantes, et je ne sais pas de président qui puisse résumer comme lui les faits de semblables procès et en déduire toutes les conséquences. Il doit s'applaudir d'avoir si hardiment et tant de fois soulevé de pareilles questions, lorsqu'il voit que la vie, sévère comme un problème de mathématique, en rend la solution de plus en plus nécessaire chaque jour. Sans doute la comédie est écrite, la Princesse Georges a tout dit; mais j'aurais voulu savoir ce que pensait de la comtesse de Tilly — cette princesse Georges au vitriol — le philosophe du théâtre contemporain.

Chose curieuse, quand cet article m'est arrivé de votre part, j'avais, depuis trois ou quatre jours, commencé le travail que vous attendiez de moi, et j'en étais juste à une phrase, que vous retrouverez dans cette lettre, où je parlais de l'auteur 3 de *la Princesse Georges*. Il y avait là une sympathie manifeste, des atomes crochus visibles; aussi, je vous demande la permission de vous adresser et de vous dédier ce travail; ce me sera, de plus, une occasion de vous témoigner publiquement toute l'affection et toute l'estime que j'ai pour votre personne, votre caractère et votre talent.

Et puis, nous sommes tout à fait à l'aise pour causer ainsi de ce sujet, étant du même avis, car vous dites encore dans le même article:

Il y a eu, comme toujours débordement de sympathie pour les exécutrices; et les victimes, selon l'usage, ont semblé fort peu intéressantes. Il y a à cela une raison morale; car cet enthousiasme pour la brutalité serait ironique s'il n'était que le produit d'une admiration malsaine pour les êtres qui, se plaçant 4 au-dessus de la loi, ont l'audace de se faire justice eux-mêmes. La raison de toutes ces acclamations saluant une meurtrière, c'est que la femme, décidément, n'est pas suffisamment protégée par la loi, qui est essentiellement et uniquement une loi mâle, si je puis dire. L'auteur de la Princesse Georges l'a fort bien montré, dramatiquement et philoso- phiquement à la fois, lorsqu'il nous présente l'épouse trompée s'adressant tour à tour à sa mère, c'est-à-dire à la famille, puis à la loi, c'est-à-dire à la société, pour leur réclamer une consolation ou un secours. De consolation, il n'y en a point; de secours, il n'en faut attendre de personne. Faut-il donc souffrir, éternellement souffrir dans son amour et dans son amour-propre, dans sa dignité de femme, dans la sécurité même de sa vie, car la ruine matérielle est possible après cette terrible ruine morale? Que faut-il faire, enfin?

Mais tout le monde ne pense pas comme nous, mon cher ami, et, pour tout dire, 5 j'avais d'abord pris la plume pour répondre à un article d'un de vos confrères, M. Racot, lequel, dans *le Figaro*, expri- mait des idées, sinon toutes contraires, du moins très opposées aux nôtres. Je fais donc, comme on dit, d'une pierre deux coups; c'est à vous que je m'adresse, et c'est à M. Racot et à ceux qui pensent comme lui que je réponds.

Votre confrère ne se contentait pas, lui, de parler de mademoiselle Virginie Dumaire et de madame de Tilly: il parlait aussi de madame Hubertine Auclert, et il paraissait même conclure, philosophique- ment, contre cette dernière en faveur de madame de Tilly. C'était vif; mais il résumait quelques-unes des idées que j'ai émises dans la préface de *Monsieur Alphonse*, et l'enchaînement de son 6 idée con- cordait parfaitement avec l'enchaînement des miennes. Selon moi, les femmes qui tuent mènent aux femmes qui votent. De là ce titre dont on a déjà fait dans la presse des jeux de mots que j'avais pré- vus; car, en annonçant la brochure à mon éditeur, je lui disais: «Re- commandez bien à l'imprimeur de ne pas se tromper, et de ne pas mettre les femmes qui, etc.»

J'ai donc déjà eu, à ce propos, l'esprit de tout le monde, et je l'ai eu plus tôt; c'est d'un excellent augure. Un ami à moi m'a écrit pour me conseiller de supprimer au moins la seconde partie du titre; je n'en fais rien. Le titre prête à rire, tant mieux! cela le popularisera; et puis le rire est bon. D'ailleurs, nous trouverons encore, de temps en temps, l'occasion 7 de rire, en route, je vous le promets. Si notre esprit ne nous suffit pas, la bêtise des autres nous viendra en aide.

Maintenant qu'on a bien ri du titre, entrons dans le sujet.

M. Racot, tout en s'étonnant et en s'alarmant de ces nouveaux symptômes d'abaissement dans l'ordre moral, ne conclut pas comme nous l'avons déjà fait, vous et moi, dans le passé; il reste toujours l'adversaire du divorce, et il demande, par exemple, ce qu'au point de vue de l'équité, de la justice et de la réparation, madame de Tilly aurait gagné à ce que le divorce existât. Il ajoute: «Supposons le divorce établi avant la scène du vitriol, *le mari avait le droit de divorcer et était libre d'épouser la femme qui faisait le désespoir de la première.*»

8 On peut avoir de très bonnes raisons personnelles, dans sa conscience, son idéal et ses traditions, pour être l'adversaire du divorce; mais il ne faut pourtant pas le combattre avec des propositions aussi facilement réfutables que celle-là, et nous ne pouvons, n'est-ce pas, laisser circuler cette première assertion, sans lui barrer le chemin.

Dans aucun des pays où le divorce existe, même en Amérique où il jouit de facilités exceptionnelles, la loi n'eût autorisé M. de Tilly à divorcer d'avec sa femme, et à épouser ensuite mademoiselle Maréchal. Si la loi sur le divorce même aussi étendue que M. Naquet l'a proposée, existait en France, aucun des articles de cette loi, si habilement interprété ou contourné qu'il fût par l'avocat le plus 9 subtil ou l'avoué le plus retors, ne pourrait servir à un homme comme M. de Tilly pour répudier une femme telle qu'était madame de Tilly avant l'attentat qu'elle a commis, attentat que certaines raisons psychologiques peuvent expliquer, mais, disons-le tout de suite, qu'aucune bonne raison morale n'excuse, malgré cette sympathie un peu trop aveugle dont bénéficie la coupable et qui rentre dans ce que Lamartine appelait les surprises du cœur.

J'ajouterai: la loi sur le divorce existant, — pas plus après cet attentat acquitté par le jury, qu'auparavant, — M. de Tilly ne pourrait encore user du divorce, et, dans l'état actuel de la législation, il n'aurait même pas pu obtenir la séparation légale, puisqu'il n'avait rien à reprocher 10 ni à la conduite ni au caractère de madame de Tilly comme mère et comme épouse, et qu'aujourd'hui même où elle est déclarée, sinon innocente, du moins non coupable, il n'aurait pas encore le droit ni de divorcer ni de se séparer. A la demande de M. Racot, voilà la réponse à faire, et le premier venu aurait pu la faire comme moi; elle est claire, simple, irréfutable.

L'erreur de M. Racot et de beaucoup d'autres de nos adversaires, vient de ce que, comme tous les partisans de l'indissolubilité du mariage, il aime à se contenter, un peu trop facilement, des arguments à l'aide desquels l'Église veut mettre les femmes de son côté. Elle leur dit, en effet, sur tous les tons, comme on peut le voir dans le livre de M. l'abbé Vidieu 11 auquel j'ai répondu: «Le jour où le divorce sera rétabli, le mari pourra répudier sa femme quand bon lui semblera et contracter immédiatement d'autres liens.»

Non seulement il n'y a rien de vrai, mais il n'y a rien de possible dans une pareille assertion, et il faut toute la candeur et toute la confiance de la foi féminine pour la croire et la propager. Si le divorce avait existé, non seulement M. de Tilly n'aurait pas pu s'en servir contre sa femme, mais c'est madame de Tilly qui aurait pu s'en servir contre lui, au lieu d'en arriver, comme moyen suprême de garantie, à l'action lâche et dégradante qu'elle a commise. Elle aurait demandé une protection à la loi, au lieu de demander une vengeance à l'acide sulfurique, et le Code l'eût libérée d'un mariage qu'elle ne 12 méritait pas, au lieu de la libérer de la prison qu'elle avait bien méritée. Je m'arrête là. Je n'ai nulle envie de recommencer une croisade pour le divorce. Il sera toujours temps, si cela est nécessaire, de reprendre la parole quand le projet sera discuté à la Chambre. Mais, si les crimes, les catastrophes de toute sorte, nés de l'indissolubilité du mariage, continuent dans la progression signalée par les dernières statistiques, la question aura fait toute seule de tels progrès, qu'il n'y aura plus besoin de rien dire et que la nécessité de la loi sera péremptoirement démontrée par les faits.

Mais nous sommes en vacances, les questions politiques sont momentanément ajournées, la controverse centrale n'existe pas, le gouvernement se promène et se 13 repose; sénateurs et députés sont éparpillés sur les routes; gens du monde et bourgeois sont à la campagne, aux bains de mer, aux eaux; nul ne se soucie, en apparence, des questions d'ensemble, et chacun se contente, en lisant son journal, au grand air, des nouvelles du jour, des accidents de chemin de fer, des assassinats et des éboulements. Pour moi, tout au contraire, ce moment me semble toujours opportun pour soulever certaines discussions et tâcher de faire pénétrer quelques idées soi-disant subversives ou tout au moins paradoxales dans des esprits et des consciences non influencés par leur milieu habituel et disposés à la conciliation par une digestion lente et réparatrice. Pour parler sérieusement, la solidarité des intérêts, des passions, des 14 habitudes, des traditions, des compromis, des ignorances est rompue; le grand seigneur, le millionnaire, l'homme du monde, le bourgeois, le fonctionnaire, l'employé, le rentier, le négociant redeviennent, par quarante degrés de chaleur, des hommes à peu près semblables les uns aux autres, dégagés de l'influence des groupes sociaux auxquels ils appartiennent, et, en se reposant en face de la nature, dont l'impassible éternité les domine, ils sont, individuellement et à leur insu, accessibles à ces mêmes idées dont ils se seraient indignés quelques semaines auparavant. Il y a certainement alors une détente, un laisser aller, une complaisance réciproque tenant à plus de bien-être, à plus d'espace, à plus d'horizon, à plus de santé. Les journaux 15 eux-mêmes trahissent plus d'éclectisme; ils se montrent plus accommodants; les adversaires, du mois de février ou de mars, semblent tout près de s'accorder. «Après tout, entend-on dire çà et là dans les deux camps, après tout, ce républicain a du bon, ce libre penseur n'est pas si méchant qu'on le croit, dit l'un. — Ce curé de campagne a une bonne figure; cette petite église, ce petit cimetière sont bien poétiques et bien touchants, dit l'autre; est-ce qu'il n'y aurait pas moyen de concilier tout cela, les traditions du passé et les besoins de l'avenir, les souvenirs de l'enfance et la raison de l'âge mûr? Ce serait possible, certainement, s'il n'y avait pas cette question des jésuites! Je vous le demande un peu, qu'est-ce qu'ils ont contre les jésuites? Ce sont 16 de très braves gens. Certainement il y a eu bien des abus, mais enfin tout pourrait s'arranger, avec quelques concessions mutuelles. C'est un peu la faute de M. Thiers. S'il avait voulu, à un certain moment, en 1872, on ne demandait que ça en France; mais aussi les d'Orléans ne bougent pas; et l'autre avec son drapeau blanc! Ah! sans ça, les choses se seraient arrangées! Ça aurait peut-être mieux valu. Nous verrons aux élections prochaines. — Moi, je crois que ça marchera bien. Ah! il fait bon! La belle journée!»

Eh bien, mon cher ami, ce moment de repos, de paresse, de façons de voir à la Pangloss, de justice inconsciente et d'indépendance d'esprit pour ainsi dire involontaire est tout à fait propice si l'on veut avoir quelque chance d'inculquer à 17 tant de gens, ordinairement distraits, hostiles, ignorants, les idées que l'on croit vraies et utiles. La nature elle-même n'a pas d'autre procédé à l'égard du corps humain; elle lui communique, pendant cette même période, les éléments vitaux dont il a besoin pour se reconstituer et durer un peu plus longtemps. Or il en est du monde moral comme du monde physique: les lois de l'un sont enchaînées et implacables comme les lois de l'autre. A cette heure où je vous écris, le vent de la mer fouette les vitres de ma chambre, il soulève en même temps les flots et enfle les voiles de ceux qui savent se servir de cette colère apparente; il pousse sur le continent les vapeurs qui retomberont en rosée ou en pluie, il transporte et répand dans 18 les champs des milliards de germes invisibles, fécondants ou destructeurs, selon la disposition particulière des sols où ils vont tomber; il fortifie les uns, et tue les autres; rien ne l'arrête ni ne le détourne; il fait ce qu'il a à faire, précipitant la mort de ce qui doit périr, créant, accélérant, prolongeant la vie de ce qui doit vivre. Il en est de même des idées. Elles partent d'un point de l'horizon et elles vont droit devant elles, fécondes pour les sociétés prêtes à les recueillir, mortelles pour celles qui les repoussent ou les dénaturent. Comment naissent-elles? D'où viennent-elles? Comment se fait le vent? D'où vient-il? Des attractions et des dilatations morales, du mouvement, de la pression, du va-et-vient incessant des esprits, créant ainsi des courants irrésistibles. 19 Tout ce mouvement est une des conditions, une des lois de l'humanité, laquelle ne saurait rester immobile dans cet univers où tout se meut, évolue, se transforme et se combine autour d'elle. Tempêtes dans la nature, révolutions dans les sociétés, telles sont les conséquences immédiates et inévitables de la résistance inerte, inutile et finalement vaincue, à ces courants naturels traversant dans tous les sens le monde physique et le monde moral.

Une similitude entre les deux mondes me frappe encore, c'est celle-ci: Ces germes invisibles, transportés par le vent, prennent, un beau jour, une forme; la végétation se produit là où ils sont tombés; l'herbe pousse; l'arbre s'élève; la forêt s'étend. Même mécanisme pour les 20 sociétés. Au bout d'un certain temps que des idées, nouvelles à première vue, (tandis qu'elles ne sont jamais que des phénomènes consécutifs d'autres idées antérieures et du même ordre), au bout d'un certain temps que des idées nouvelles sont répandues dans l'air, discutées, niées, repoussées par les mœurs et les lois des peuples routiniers, elles se condensent tout à coup en une réalité palpable et visible, pensante et agissante, elles prennent une forme humaine, elles deviennent *une personne* avec laquelle il faut compter parce qu'elle produit subitement son action matérielle et contradictoire à un état social incompatible. Bref, quand une idée doit vivre, elle se fait homme. C'est tout bonnement le mystère de l'incarnation.

21 Ceux qui haussaient les épaules ou qui pouffaient de rire quand cette idée était purement théorique, s'arrêtent étonnés et entrent bientôt en fureur, quand ils la voient en chair et en os, marchant à un but déterminé. On honnit d'abord ce précurseur, cet apôtre, ce prophète; on le tue souvent; mais il a fait immédiatement des disciples, il a suscité des croyants, des auxiliaires, des vengeurs, et la lutte commence. L'idée triomphe toujours, et, quand elle est enfin acceptée et consacrée depuis longtemps, quand elle est devenue officielle et banale, elle cherche à s'étendre encore, en raison de besoins nouveaux. On croit à une innovation quand ce n'est qu'une déduction logique et une conséquence fatale de l'idée première. Nouvelle résistance des 22 masses stationnaires, nouvelle incarnation, nouvelle lutte: nouveau progrès. Si une idée ne produit pas *son homme* elle est creuse; si une idée ne produit plus son homme elle est morte. Les religions, les philosophies, les politiques, les sciences, les libertés ne se sont pas développées autrement. Regardez bien, où l'incarnation fait défaut: signe de dépérissement et de mort prochaine.

Sans nous aventurer ici dans les grands exemples historiques, présents d'ailleurs à l'esprit de tous nos lecteurs, et pour nous en tenir aux personnages, hier inconnus, mis en lumière par de récents procès, mademoiselle Marie Bière, mademoiselle Virginie Dumaire, madame de Tilly, que représentent ces personnages? Sont-ce des êtres isolés, séparés de la vie 23 commune par leur tempérament, leurs mœlig;urs, leurs crimes particuliers et purement individuels? Non. Ce sont des incarnations vivantes effectives et inconscientes, en même temps, de certaines idées émises par des penseurs, des moralistes, des politiques, des écrivains, des philosophes, idées justes, logiques, tutélaires, auxquelles, de l'aveu de ces hommes de réflexion, le temps est venu de faire droit.

Que répond la société française à ces idées présentées seulement sous toutes les formes théoriques et immatérielles? Que ceux qui les présentent sont des fous, des rêveurs, des révolutionnaires, des utopistes, des gens dangereux. Ces hommes signalent cependant des dangers visibles, ils proposent d'indispensables réformes; ils disent aux législateurs: 24 «Vous devriez faire des lois protégeant l'innocence de la jeune fille, la dignité de la femme, la vie de l'enfant, les droits de l'époux, et punissant quelquefois les coupables au lieu de punir toujours les innocents.» Les législateurs ne répondent même pas. Alors, au milieu des observations des uns, de l'indifférence des autres, un fait brutal se produit, un crime se commet, une victime tombe, un assassin se montre, et, sans transition apparente, on assiste au déplacement complet de tous les plans sociaux, au renversement de toutes les lois juridiques et morales; la victime devient odieuse, l'assassin devient intéressant, la conscience des jurés s'embarrasse, la magistrature se trouble, la loi hésite, la justice officielle désarme devant la foule qui s'impose comme dans une 25 assemblée populaire ou dans un théâtre.

C'est l'incarnation de l'idée qui se dresse tout à coup en face des vieilles traditions obstinées et insuffisantes, et elle vient, par le feu et le sang, poser sa revendication personnelle et nécessaire contre des lois jadis excellentes, mais qui, les mœurs s'étant modifiées, apparaissent subitement comme des injustices et des barbaries.

Le meurtrier a-t-il discuté ces questions comme nous le faisons ici? A-t-il lu ce qu'on écrivait sur ces matières avant qu'il commît son crime? Obéit-il à un raisonnement? Non. Il obéit aveuglément à sa passion, ce n'est pas douteux. Mais sa passion satisfaite vient, en plein tribunal, faire appel à un droit naturel, humain, incontestable, dont la 26 société aurait dû tenir compte et dont elle ne s'est pas souciée.

L'acquittement des coupables, prononcé par le tribunal, imposé par l'opinion, est-il juste? Non. Mais ce qui fait l'acquittement de ces coupables arrêtés, c'est que la loi ne peut pas sévir contre les véritables coupables qu'elle couvre depuis trop longtemps, et que, ne pouvant pas appliquer la justice absolue, elle est condamnée elle, la loi, à n'appliquer que la justice relative, ce qui est bien près de l'injustice.

Vous vous rappelez sans doute l'affaire Morambat, il y a trois ou quatre ans? J'écrivais à ce propos, dans l'*Opinion nationale*, une lettre comme celle-ci. J'y annonçais l'acquittement inévitable du 27 meurtrier, et je demandais à la loi de protéger la virginité des filles, virginité que j'appelais leur capital. Le mot fit beaucoup rire. Toujours! En France, nous rions beaucoup des choses sérieuses; c'est même de celles-là, je crois pouvoir l'affirmer, qu'on rit le plus. Moi, c'est un goût particulier, j'aime mieux rire des choses qui ne sont pas sérieuses, et qui n'en ont pas moins la prétention de l'être; ma conscience se trouve ainsi en repos, je suis sûr d'avoir plus longtemps des sujets de gaieté et d'avoir finalement raison. Vive le rire, mon cher ami, quand il ne se trompe pas.

Si j'évoque aujourd'hui cette affaire Morambat, c'est pour m'aider à montrer les incarnations successives, variées, 28 de plus en plus rapprochées les unes des autres, de plus en plus menaçantes et triomphantes de l'idée proposée de certaines réformes dans de certaines lois. Cette affaire se résumait en ceci, (soyez tranquille, je serai bref): Une jeune fille, ouvrière laborieuse et d'une conduite irréprochable jusque-là, s'était laissé, faut-il dire séduire, disons plutôt entraîner par un jeune homme, commis dans le magasin où elle était en apprentissage: elle était devenue enceinte, ce que voyant, le jeune homme l'avait abandonnée. Voilà le commencement et le milieu de l'histoire. C'est vieux, c'est banal, c'est connu; le soleil aussi est vieux, banal, connu, et il reparaît toujours et on ne s'en déshabitue pas. Mais il passe tout à coup, par l'esprit, par 29 le cœur, par la conscience du père de la jeune fille de modifier le dénouement traditionnel, aussi vieux, aussi banal, aussi connu que le soleil et les débuts de l'histoire et qui consistait, pour la jeune fille, à se désoler, à cacher sa honte dans un coin, à élever son enfant avec ses seules ressources ou à lui tordre le cou, à se tuer elle-même ou à se prostituer, tout cela parce que le Code avait oublié de faire une loi qui protégeât le capital moral des femmes comme le capital matériel et qui condamnât un homme qui leur aurait pris leur honneur comme elle condamnerait le voleur qui leur aurait pris leur montre ou leur parapluie.

Il advint donc, cette fois, une chose nouvelle. Le père de mademoiselle Morambat 30 se trouvait être un très honnête ouvrier; il adorait sa fille, et il ne permit pas aux choses de finir selon la coutume. Il cacha un couteau sous son vêtement, s'en alla trouver le commis, lui demanda s'il voulait épouser sa fille, et, sur les refus réitérés de celui-ci, il le frappa en pleine poitrine. La vie du jeune homme fut en danger; on arrêta l'assassin; grande émotion dans Paris; instruction; procès.

Si vous voulez bien donner un peu d'attention à ce cas particulier, mon cher ami, vous y remarquerez facilement un fait curieux. Dans ce procès, prévenu, plaignant, victime, tout le monde était coupable, et, nantie de toutes les lois imaginables pour punir tous les attentats possibles, la justice a dû s'avouer publiquement impuissante et inutile.

31 Voyons comment.

Nous voici dans la salle de la cour d'assises. Rien n'y manque pour que le droit soit respecté, pour que l'équité rayonne, pour que la solennité soit imposante, pour que la leçon soit profitable. Foule énorme, avec sergents de ville, pour la contenir et au besoin la disperser si elle manque de respect au tribunal, si elle proteste ou si elle applaudit; gendarmes aux deux côtés de l'accusé, pour qu'il ne puisse ni s'enfuir, ni sauter sur les juges, ni se suicider; avocats réunis autour de la cause, pour s'éclairer dans leurs consciences et leur art, comme des carabins autour d'un cadavre dans un amphithéâtre d'anatomie; conseillers en robe rouge, avocat général chargé de soutenir l'accusation et de venger la 32 morale et la société compromises; avocat célèbre à la barre de la défense, ayant mission de défendre et de sauver le prévenu; jury choisi au sort parmi les citoyens les plus recommandables de leurs quartiers, peintures allégoriques représentant le crime terrassé, l'innocence protégée, Thémis en péplum bleu et blanc tenant en équilibre les deux plateaux de sa balance; enfin, au fond de la salle, en face du public, des témoins, du jury et des accusés, au-dessus des juges et de tout, le Christ mourant pour la justice et la vérité, et sur lequel témoins et jurés vont faire le serment, les uns de ne dire que la vérité, rien que la vérité, les autres de n'avoir en vue que la justice, rien que la justice.

Ceci posé, donnons en quelques mots 33 le résumé philosophique et les conclusions morales du procès.

LA LOI, représentée par le Président, s'adressant à la jeune fille:

Mademoiselle, vous étiez une personne honnête et laborieuse, tout le monde l'atteste.

LA JEUNE FILLE

Oui, monsieur.

LA LOI

Vous avez été séduite par ce jeune homme?

LA JEUNE FILLE

Oui, monsieur.

LA LOI

Il vous avait promis le mariage?

LA JEUNE FILLE

Oui, monsieur.

LA LOI

Il vous a abandonnée? 34

LA JEUNE FILLE

Oui, monsieur.

LA LOI

Quand il a su que vous étiez enceinte?

LA JEUNE FILLE

Oui, monsieur.

LA LOI

C'est bien de lui que vous étiez enceinte?

LA JEUNE FILLE

Oui, monsieur.

LA LOI

Vous le jurez?

LA JEUNE FILLE

Oui, monsieur.

LA LOI

Vous avez causé le désespoir et le crime de votre père. Vous allez mettre au monde un enfant sans père, sans état civil, probablement sans morale et sans instruction, 35 puisque vous êtes sans ressources, enfant qui va être un danger ou une charge pour la société, tout cela parce que vous n'avez pas su résister à votre passion. C'est abominable, ce que vous avez fait là; mais nous n'y pouvons rien, rasseyez-vous. — Qu'on amène le jeune homme.

LA LOI, au jeune homme.

Vous avez été l'amant de cette jeune fille?

LE JEUNE HOMME

Oui, monsieur.

LA LOI

Vous étiez le premier?

LE JEUNE HOMME, après hésitation.

Oui, monsieur.

LA LOI

Elle est enceinte de vous?

LE JEUNE HOMME, toujours après hésitation.

Oui, monsieur. 36

LA LOI

Vous refusez de l'épouser?

LE JEUNE HOMME, sans hésitation.

Oui, monsieur.

LA LOI

Vous refusez de reconnaître votre enfant?

LE JEUNE HOMME

Oui, monsieur.

LA LOI

Vous avez déshonoré une jeune fille, vous l'abandonnez, ainsi que votre enfant; c'est abominable, ce que vous faites là! nous n'y pouvons rien. Rasseyez-vous. — Faites lever le père.

LA LOI, au père.

Vous reconnaissez que vous avez voulu tuer ce jeune homme?

LE PÈRE

Oui, monsieur. 37

LA LOI

Parce qu'il avait séduit votre fille?

LE PÈRE

Oui, monsieur.

LA LOI

Alors vous avez pris un couteau?

LE PÈRE

Oui, monsieur.

LA LOI

Avec l'intention de tuer cet homme, s'il vous refusait d'épouser votre fille?

LE PÈRE

Oui, monsieur.

LA LOI

Avec préméditation alors?

LE PÈRE

Oui, monsieur.

LA LOI

Et vous l'avez frappé avec la ferme intention de lui donner la mort?

LE PÈRE 38

Oui, monsieur.

LA LOI

Vous avez voulu vous faire justice vous-même, ce qui est défendu par toutes les lois; vous avez voulu tuer, ce qui est défendu par toutes les morales, humaine et divine; vous avez frappé d'un couteau, vous avez accompli volontairement, sans hésitation, sans remords, un homicide, un crime, ce qui doit être puni de l'échafaud ou des galères. C'est abominable, ce que vous avez fait là! mais nous n'y pouvons rien. Ne vous rasseyez pas; vous pouvez tous rentrer chez vous.»

Alors, magistrats, jury, gendarmes huissiers, Code civil, justice, allégories 39 mythologiques, menaçantes et rassurantes, Christ en croix, qu'est-ce que vous faites là? Pourquoi tout cet appareil inutile, toute cette solennité vide, toute cette dépense, tout ce dérangement? Ces trois individus coupables, tous les trois, de délits et de crimes qui compromettent non seulement leur propre honneur, leur propre morale, mais la morale universelle et la sécurité des citoyens électeurs, pourquoi les renvoyez-vous finalement chez eux, sans condamnation, sans flétrissure, sans amende même?

Parce que, me répondrez-vous, c'est là un cas exceptionnel. Cette jeune fille était vraiment sympathique par sa bonne conduite antérieure, le père par l'honnêteté de toute sa vie: il n'a pas pu résister à sa douleur et à sa colère, devant 40 la froide ingratitude et la cynique cruauté de ce jeune homme, nous l'avons compris et nous l'avons acquitté.

Non; ces raisons-là, vous les donnez parce que vous ne pouvez pas, vous ne voulez pas donner les vraies raisons. Les vraies raisons, les voici: ne pouvant pas punir les vrais coupables, vous êtes fatalement amenés à absoudre ceux dont le crime n'est que la conséquence directe de cette culpabilité non seulement impunie, mais dont, dans certains cas, il ne vous est pas permis de connaître, dont il vous est interdit de faire mention, que vous devez respecter en un mot, qui vous est sacrée pour ainsi dire, comme la réputation la plus intacte, comme le dogme le plus révéré. Il est tel cas où vous n'avez même pas le droit de prononcer 41 le nom du véritable coupable, et où vous ne pouvez punir que l'innocent et même la victime.

J'ai assisté, il y a deux ou trois ans, à un procès criminel où la coupable, du moins la personne amenée à la barre, était une jeune femme. Elle s'était mariée, enceinte, avec un jeune homme, lequel ignorait absolument ce détail. Elle accoucha, à terme, sans que son mari se fût douté de cette grossesse et en l'absence de ce mari. Elle se délivra elle-même; puis elle perdit la tête et tua son enfant, dont elle cacha le corps dans une armoire. Le crime fut découvert et la jeune femme arrêtée et traduite devant les assises.

L'homme qui l'avait rendue mère était marié, c'est-à-dire doublement coupable; 42 il l'avait eue sous sa protection, ce qui le rendait triplement coupable; il l'avait garantie comme la plus honnête fille du monde au jeune homme, lorsque celui-ci était venu lui demander des renseignements, ce qui le constituait quadruplement coupable; ni l'accusée, ni l'accusation, ni la défense n'avaient le droit de prononcer le nom de cet homme, le premier, le seul coupable, parce que la recherche de la paternité est interdite par nos lois. Cet homme était négociant. S'il n'avait pas payé un de ses billets, vous lui auriez saisi ses meubles, et tout ce qu'il possédait; vous l'auriez déclaré en faillite, en faillite frauduleuse, si ses livres n'avaient pas été bien en règle, et vous l'auriez condamné à la prison. Il avait trahi le mariage, trahi la tutelle, trahi la 43 confiance d'un honnête homme, donné le jour à un enfant illégitime; il était la cause d'un meurtre, du meurtre de son propre enfant; l'action qu'il avait commise amenait la femme qu'il avait dit aimer sur les bancs de la cour d'assises, la faisait condamner aux galères, car elle fut condamnée; condamnait le mari de cette femme à la honte, au désespoir, au ridicule, au célibat, à la stérilité, à n'avoir plus d'épouse légale, à n'avoir plus d'enfant légitime, et vous ne pouviez rien contre le vrai coupable, à peine le réprimander, dans le vide, et encore anonyme. S'il plaisait à ce coupable de se reconnaître dans ce que j'écris en ce moment, il pourrait m'attaquer en diffamation; je ne pourrais pas faire la preuve, et vous me condamneriez comme diffamateur, 44 probablement à un franc d'amende, ce qui ne serait pas cher, mais ce qui serait encore une condamnation supérieure à celle que vous pouviez lui infliger.

Qui avez-vous donc véritablement puni du double crime commis par cet homme et par cette fille? Celui qui n'en avait commis aucun, le mari, l'honnête homme, l'innocent. L'amant n'a même pas été inquiété; l'infanticide, son temps fait, redeviendra libre, et très probablement elle n'aura fait que la moitié de son temps, si elle s'est ce qu'on appelle bien conduite, depuis son emprisonnement; quant au mari, à qui vous n'avez rien à reprocher que d'avoir eu confiance, que d'avoir voulu aimer selon les lois, d'avoir voulu constituer la famille, le foyer, l'exemple, ce qui est recommandé par 45 toutes les religions et toutes les morales, dont vous vous déclarez les défenseurs, il reste et demeure éternellement la victime de cet homme adultère et de cette femme infanticide; et si, demain, il avait un enfant d'une autre femme que celle-là, vous condamneriez cet enfant à n'avoir jamais ni famille régulière, ni nom légal, à moins que sa mère n'eût l'idée comme l'autre de le tuer, auquel cas, le mari, devenu à son tour adultère et père illégal et dénaturé, n'encourrait, comme coupable, aucune des peines qui lui ont été infligées comme innocent!

Vous me répondrez encore: «Ce sont là des exceptions très rares dont la loi n'a pas à tenir compte.» Où avez-vous vu cela? Le caractère fondamental, la propriété spécifique d'une loi font que 46 même une seule injustice ne puisse pas être commise en son nom, et, tant que cette injustice peut être commise, cette loi est incomplète, par conséquent insuffisante, de là préjudiciable, et le premier venu, comme moi, peut l'attaquer et en demander la revision.

Et, comme cette revision demandée ne se fait pas, les faits, depuis quelques années que ces questions ont été de plus en plus débattues par l'opinion publique, les faits concluant en faveur de cette revision se succèdent et se précipitent les uns sur les autres; les *incarnations* se multiplient avec une rapidité, une éloquence, un retentissement, une plus value de scandale effrayants, et la Providence paraît être absolument décidée à vous forcer la main.

47 Du reste, pour les vrais observateurs, ce qu'on appelle la Providence a des procédés qui devraient commencer à être connus. Quand une société ne voit pas ou ne veut pas voir ce qu'elle doit

faire, cette Providence le lui indique d'abord par de petits accidents symptomatiques et facilement remédiables; puis l'indifférence ou l'aveuglement persistant, elle renouvelle ses indications par des phénomènes périodiques, se rapprochant de plus en plus les uns des autres, s'accentuant de plus en plus, jusqu'à quelque catastrophe d'une démonstration tellement claire, qu'elle ne laisse aucun doute sur les volontés de ladite Providence. C'est alors que la société imprévoyante s'étonne, s'épouvante, crie à la fatalité, à l'injustice des choses et se décide 48 à comprendre. Ce qui est encore à constater au milieu de tout cela, c'est l'obstination que mettent non seulement la masse des gens, mais les hommes chargés de veiller à la moralité et au salut des sociétés, à donner pour cause aux drames et aux crimes nés de l'insuffisance des lois, les examens et les propositions philosophiques que, tout au contraire, cette insuffisance inspire à certains esprits. Pour tous les routiniers, les auteurs de la démoralisation sociale sont ceux qui la découvrent ou la dénoncent à l'avance. Quand on a dit à une société: «Prends garde! si tu continues tels ou tels errements, tu provoqueras telle ou telle catastrophe;» on est pour cette société, qui ne veut pas reconnaître ses torts, la cause même de cette catastrophe, 49 le jour où elle se produit. L'Église catholique en est encore à nous dire que ce sont les abominables passions et les détestables conseils de Luther qui ont fait tant de mal au catholicisme; elle oublie de se rappeler ou de rechercher les causes qui ont produit Luther et nécessité la Réforme. Les défenseurs de la monarchie de droit divin et des traditions féodales nous disent que c'est l'esprit diabolique de Voltaire et des encyclopédistes qui a produit la Révolution et les excès du xviii e siècle; ils se gardent bien de reconnaître et d'avouer les faits qui ont suscité les attaques de Voltaire et de l'Encyclopédie. Même observation en littérature. Ce sont les écrivains qui écrivent contre les mœurs immorales de leur temps qui démoralisent 50 leur temps. On commence par prétendre que le mal dont ils parlent n'existe pas; puis, quand il est notoire, que ce sont leurs écrits qui l'ont fait naître, puis, quand il gagne de plus en plus, qu'il vaut mieux n'en rien dire.

Ainsi, celui qui écrit ces lignes (formule ingénieuse trouvée par un grand orgueilleux qui n'osait pas dire *moi* aussi souvent qu'il l'aurait voulu), ainsi celui qui écrit ces lignes a, de cette façon, beaucoup contribué à la démoralisation de son époque; seulement ceux qui emploient le mot démoralisation, à propos de moi ou de tout autre, l'emploient à tort et le confondent souvent, trompés qu'ils sont par un phénomène purement extérieur, avec un autre mot qui, du reste, n'existe pas et que l'on ferait peut-être bien de créer.

51 Une société dont on dit qu'elle se démoralise, ce que l'on a dit d'ailleurs de toutes les sociétés depuis que le monde existe, une société qui se démoralise n'est pas toujours une société qui modifie sa morale, mais une société qui modifie ses mœurs, ce qui n'est pas la même chose, et ce qui est même à l'avantage de la morale éternelle, dont on ne peut pas plus supprimer un des principes fondamentaux qu'on ne peut supprimer un des éléments qui composent l'air respirable.

Aucun révolutionnaire, aucun novateur, aucun radical n'aura jamais l'idée de proclamer que l'on doit, que l'on peut tuer, voler, manquer à sa parole, à l'honneur, séduire les jeunes filles, abandonner sa femme, délaisser ses 52 enfants, renier, trahir et vendre sa patrie. Celui qui soutiendrait une pareille thèse passerait pour fou, et tout le monde lui tournerait le dos. La morale ne s'altère donc pas, mais elle s'élargit, elle se développe, elle se répand, et, pour cela, elle brise ces formules étroites et partiales dans lesquelles elle était inégalement contenue et dosée et qu'on appelle les mœurs et les lois.

Les esprits soi-disant révolutionnaires ou subversifs sont ceux qui aident la morale éternelle, inaliénable à briser ces formules particulières, locales, à se frayer un chemin à travers les plaines stériles qu'elle doit fertiliser. Quand nous demandons, par exemple, la recherche de la paternité, ou le divorce, ou le rétablissement des tours, c'est-à-dire que les 53 innocents ne souffrent plus pour les coupables, quand alors il s'élève des clameurs contre nous, ce n'est pas la morale qui s'indigne, car ce que nous demandons est de la morale la plus élémentaire, ce sont les mœurs et les lois qui s'effrayent. Nous avons contre nous les Lovelaces de toute classe, pour qui ces mœurs et ces lois sont un privilège dont leur égoïsme et leurs passions peuvent user sans représailles, les Prud'hommes de tous rangs pour lesquels le monde finit à leurs habitudes, à leurs traditions, à leurs idées, à leur famille, et qui ne se sentant pas atteints, et convaincus qu'ils ne pourront jamais l'être, par les calamités que ces mœurs produisent, ne voient pas qu'il y ait lieu de changer quoi que ce soit aux lois qui les protègent; nous 54 avons encore contre nous les ignorants qui ne veulent rien apprendre, les hypocrites qui ne veulent rien avouer, les gens de foi et même de bonne foi qui croient leur Dieu compromis dès qu'on leur parle d'un progrès en contradiction avec leurs dogmes religieux, les timides qui ont peur d'un changement, les contribuables qui redoutent une dépense; autrement dit, nous avons contre nous les quatre-vingt-dix-neuf centièmes de nos compatriotes; mais c'est sans aucune importance, puisque le centième auquel nous appartenons depuis le commencement du monde a fait faire aux quatre-vingt-dix-neuf autres toutes les réformes dont ils se trouvent, d'ailleurs, très bien aujourd'hui, tout en protestant contre celles qui restent à faire. C'est par suite de tout ce 55 malentendu sur la signification et la valeur réelle des institutions, des faits et des mots qu'après l'acquittement de mademoiselle Marie Bière, un conseiller à la Cour, qui avait assisté aux débats à côté de *celui qui écrit ces lignes*, disait à ce dernier, d'une voix véritablement émue, avec l'accent amical mais convaincu du reproche et de l'inquiétude: «Voilà pourtant ce dont vous êtes cause avec votre *Tue-la*!»

Ainsi, c'est moi qui, en écrivant la lettre qui se terminait par ce mot, et en l'écrivant après l'assassinat de madame Dubourg par son mari; c'est moi qui suis cause que M. Dubourg a tué sa femme! Ainsi, voilà un magistrat des plus honorables, des plus intelligents et, comme homme privé, des plus spirituels 56 et des plus fins, qui aime mieux croire à la pernicieuse influence d'un écrivain isolé qu'à une insuffisance de la loi ancienne et à une réclamation des mœurs nouvelles! Où sont les sociétés qui suivent le conseil d'un homme, si ce conseil ne répond pas, d'une manière quelconque, à ses besoins.

Mais si on a reproché à l'auteur de *l'Homme-Femme* d'avoir dit: *Tue-la!* on n'a pas moins reproché à l'auteur de *la Princesse Georges* de n'avoir pas été, dans son dénouement, jusqu'au meurtre du mari par la femme, et le public aurait volontiers crié à l'héroïne: *Tue-le!* La presse l'a crié le lendemain pour le public, et l'auteur a été forcé, dans une préface, d'expliquer pourquoi il n'y avait pas eu mort d'homme. Il a donné ses raisons, 57 bonnes ou mauvaises, là n'est pas la question. Ce qui est certain, c'est qu'il a dû s'expliquer, s'excuser même de n'avoir pas fait tuer par une honnête femme, indignement sacrifiée, un mari qui la trompait pour une drôlesse. Croyez-vous que madame de Tilly avait vu ou lu *la Princesse Georges*, et qu'elle se soit dit: «Eh bien, moi, je vais aller plus loin que l'héroïne de M. Dumas, et je vais brûler la figure à madame de Terremonde»?

Non, n'est-ce pas? N'admettons donc pas, comme le conseiller à la Cour et tous ceux qui s'en prennent aux effets au lieu de s'en prendre aux causes, n'admettons donc pas que la littérature ait la moindre influence sur les mœurs. Tandis que la corruption du xviii e siècle se peint dans *Manon Lescaut*, le besoin d'idéal qui 58 domine toutes les sociétés, quel que soit le numéro du siècle, se traduit dans *Paul et Virginie*. On pleure sur Manon, on pleure sur Virginie; on ne devient ni meilleur ni pire; on a deux points de comparaison et deux chefs-d'œuvre de plus, voilà la vérité, et voilà le bénéfice pour l'humanité pensante.

Cependant, si la littérature, par le drame ou le roman est incapable de produire un mouvement des idées et de les faire naître, elle est capable, par le plus ou moins d'émotion qu'elle produit, en traitant certains sujets, de faire voir et de constater où les idées en sont de leur mouvement naturel, et le chemin parcouru depuis une certaine époque, et l'imminence de certains dangers, et la nécessité de certaines préoccupations, de 59 certaines études, de certains efforts. Ainsi à ne prendre *l'Homme-Femme* et *la Princesse Georges* que pour ce qu'ils valent au point de vue de la moralisation ou de la démoralisation de la société, à ne les prendre que comme thermomètres particuliers chargés de mesurer la température morale de notre société actuelle, il résulterait de l'expérience, surtout si l'on y ajoute le mauvais accueil fait à la *Femme de Claude*, que, il y a déjà huit ans, le public ne voulait pas qu'on tuât la femme coupable, en matière d'amour, mais que, pour l'homme coupable en cette même matière, il voulait qu'on le tuât.

Il faut tenir compte aussi, je le sais bien, dans ce jugement du public, des inégales influences atmosphériques du théâtre et du livre, du spectateur collectif et du 60 lecteur individuel, ce qui peut supposer un écart de quinze degrés sur vingt, la chaleur cérébrale développée par la discussion imprimée, par la déduction philosophique d'un cas ne pouvant jamais atteindre à celle que développe le même cas, mis en forme et en action par des personnages des deux sexes devant des spectateurs mâles et femelles. Il faut faire aussi la part des raisons secrètes et spécieuses que les gens d'esprit, mêlés à une foule, dans une proportion très modeste, il est vrai, mais cependant toujours appréciable, peuvent avoir de confirmer l'opinion de la foule instinctive et de première impression. Ces raisons, on peut les traduire ainsi:

«Le péché d'amour adultère dont si peu d'hommes sont ou se savent les 61 victimes, et dont tant d'autres hommes sont ou peuvent être les bénéficiaires, mérite-t-il qu'on inflige à la femme un châtiment aussi disproportionné que la mort et qui peut priver tant de gens d'un bonheur éphémère mais recherché que cette femme aurait pu donner encore; car évidemment elle devait être jeune, jolie, et destinée, dans un avenir prochain, à trahir son amant comme elle avait trahi son mari, soit qu'elle eût à se venger d'un abandon toujours facile à prévoir, soit qu'elle se fût lassée d'une distraction dont la continuité devient une servitude? Le meurtre, dans ce cas, serait donc cause d'une non-valeur qu'on ne doit jamais autoriser.

»D'un autre côté, il n'y aurait pas justice égale entre les deux parties, 62 puisque, tandis que l'on conseillerait le meurtre de la femme, si facile à surveiller, à suivre et à surprendre, on ne saurait conseiller à la femme, être faible et timide, ne sachant se servir d'aucune arme à feu, de tuer son mari adultère, celui-ci ayant, d'ailleurs, tous les moyens de se soustraire à ses recherches, et allant où bon lui semble sans avoir jamais à lui en demander la permission ni à lui en rendre compte.

»Pour ces motifs, il ne nous coûte pas du tout, à propos de la pièce de M. Dumas, dans laquelle mademoiselle Desclée est si remarquable, de donner une petite satisfaction aux femmes, en déclarant que l'auteur de *l'Homme-Femme* a eu tort de dire: 63 *Tue-la!* et que l'auteur de *la Princesse Georges* a eu tort de ne pas dire: *Tue-le!*»

Eh bien, nous le répétons, en mêlant comme des cartes de toutes couleurs les raisons de toute nature, évidemment un grand mouvement s'était opéré dans l'opinion; on commençait à reprocher le trop d'indulgence pour les passions de l'homme et le *pas assez* de pitié pour les souffrances et même pour les faiblesses de la femme.

C'est alors qu'après les incarnations littéraires, symptômes sympathiques et précurseurs, appartenant au monde fictif, se sont produites des incarnations vivantes, appartenant au monde réel, incarnations dont les dernières ont été, en quelques mois et coup sur coup, mademoiselle 64 Marie Bière, mademoiselle Virginie Dumaire, madame de Tilly. Il n'est pas besoin d'être prophète pour en prédire d'autres, dans de très brefs délais, et encore plus effrayantes, encore plus significatives que celles dont nous nous occupons en ce moment.

Soyons donc sérieux en face des faits réels.

Ici, nous ne sommes plus au théâtre, nous sommes en pleine vie; il ne s'agit plus d'esthétique et de thèses, il s'agit de crimes et de sang; ce ne sont plus des comédiens débitant leurs rôles que nous allons applaudir ou siffler, ce sont des victimes et des bourreaux que nous allons condamner ou absoudre; il s'agit 65 de la liberté, de l'honneur et de la vie; le bagne et l'échafaud sont là.

Regardons bien attentivement, nous allons voir les mêmes causes, les mêmes effets, les mêmes conséquences se produire. Ces trois criminelles vont formuler la même plainte, proclamer la même injustice, en appeler à la même revendication, et cependant elles appartiennent toutes les trois à des milieux tout à fait différents, tout à fait opposés même. La première est une femme de théâtre, la seconde une servante, une prostituée, dit-on, la troisième une femme du monde; l'une était vierge, l'autre avait déjà eu un enfant d'un autre homme, la dernière était une femme mariée qui avait des enfants légitimes, qui les aimait et qui avait toujours été digne de tous les respects 66 comme fille, comme épouse, comme mère.

Si ces trois crimes n'avaient pas été commis, si les choses avaient suivi leur cours naturel, si la fille de mademoiselle Bière avait vécu, et que, plus tard, le fils de mademoiselle Virginie Dumaire la prostituée eût voulu l'épouser, mademoiselle Marie Bière ne l'aurait pas voulu.

Si l'un des enfants de madame de Tilly avait voulu s'allier avec l'enfant de Marie Bière ou de Virginie Dumaire, madame de Tilly s'y serait opposée. Avant leurs crimes respectifs, la première se croyait hiérarchiquement en droit de mépriser la seconde, la dernière de mépriser les deux autres.

Les voici cependant sur les mêmes bancs, entre les mêmes gendarmes, ayant 67 à répondre à la même accusation, inspirant la même sympathie. Pourquoi? parce que, arrivées là, elles ne sont plus la comédienne, la servante, la femme du monde, elles ne sont plus telles ou telles femmes, elles sont la Femme, qui vient violemment et publiquement demander justice contre l'homme et à qui l'opinion, mise en demeure de se prononcer, accorde cette justice, avec des manifestations telles que la loi en est réduite à s'incliner.

Or quel est cet homme, contre lequel ces trois femmes viennent demander justice? On l'appelle ici M. G..., là M. P..., plus loin M. T. Sont-ce trois hommes différents? Non. C'est un seul homme, toujours le même, sous des noms divers, c'est l'Homme, non pas tel que le veulent 68 la nature et la morale, mais tel que nos lois l'autorisent à être.

En effet, la nature dit à l'homme: «Je t'ai donné des curiosités, des besoins, des désirs, des passions, des sentiments que peut seul satisfaire cet être nommé femme à qui j'ai donné un cœur, une imagination et quelquefois des sens qui la disposent à se laisser convaincre et entraîner par toi; prends cette femme; une fois tes curiosités, tes besoins, tes désirs, tes passions satisfaits, si tu sais te servir de l'intelligence, de la conscience, des sentiments dont je t'ai doué, tu aimeras cette femme, tu feras d'elle la compagne de toute ta vie, la mère de tes enfants. S'il y a une chance de bonheur pour toi, sur cette terre, elle est là.»

La morale dit ensuite à cet homme: 69 «Ce n'est pas assez. Cette femme, tu l'as choisie, tu l'aimes, tu veux la posséder et la rendre mère? N'attends pas la possession et la maternité pour te l'attacher à tout jamais. Tu ne dois pas seulement avoir de l'amour pour elle, mais aussi du respect; il n'y a pas d'amour durable sans cela, et pourquoi ton amour ne serait-il pas durable, puisque tu le déclares irrésistible? Prouve donc l'un et l'autre à cette personne, en lui donnant d'avance ce que d'autres ne lui donnent qu'après, en te bornant à elle, en l'honorant de ton nom, en travaillant pour elle et les enfants qui naîtront de vous deux.»

Les mœurs et les lois disent ensuite au même homme: «Méfie toi; il y a là une amorce décevante, une solidarité douteuse, un bonheur incertain. Prends le 70 plaisir, laisse le mariage, c'est une chaîne;

laisse l'enfant, c'est une charge; et recommence avec d'autres femmes tant que tu pourras. Tu auras ainsi le plaisir, et tu garderas la liberté. Personne n'aura le droit de te rien dire, mais si, par hasard, on te demande des comptes, sois sans honte et sans crainte, nous sommes là, lois et mœurs, nous répondrons pour toi et de toi.»

Et nombre d'hommes, surtout parmi les plus civilisés, laissent de côté ce que les principes de la morale ont d'assujettissant, et joignant directement ce que les invitations de la nature ont d'agréable à ce que les insuffisances de la loi ont de commode, ces hommes, depuis des siècles, se sont mis et ont continué et continuent à prendre des 71 filles sans fortune, sans famille, sans défense sociale, à les posséder tant qu'elles leur plaisent et à les abandonner quand elles ne leur plaisent plus. La chose était acceptée ainsi, la prostitution et le suicide faisant le reste. Par le suicide, la société est débarrassée d'un souci et d'un reproche; par la prostitution, d'autres hommes, plus *moraux*, plus méthodiques, plus garantis encore, *moralement*, se procurent un plaisir de seconde main, moins raffiné, mais souvent plus agréable que le premier, dont le commerce des carrossiers et des couturières se trouve d'ailleurs très bien, ce qui fait que l'économie sociale gagne d'un côté ce que la morale et la dignité humaine perdent de l'autre. Les grandes civilisations ont besoin, paraît-il, de ces 72 échanges «et après tout, dirait M. Prud'homme, qui apparaît toujours quand il s'agit de résoudre les problèmes momentanément insolubles, ces demoiselles n'étaient pas si intéressantes; pourquoi ne se sont-elles pas mieux défendues? Elles devaient bien prévoir le résultat; elles savaient bien qu'elles faisaient le mal, puisqu'elles le faisaient en cachette; il est tout naturel que le mal soit puni. Elles ont eu les agréments de l'amour sans en accepter les devoirs, elles en ont les chagrins sans en avoir les droits, elles ont ce qu'elles méritent.»

Il y a du vrai; il y en a toujours dans ce que dit M. Prud'homme, sans quoi il ne serait pas si universel et si triomphant. Les choses continuaient donc leur marche ascendante et il n'y 73 avait ni à espérer ni à craindre un changement de route, quand, tout à coup, un troisième personnage est intervenu dans la question, personnage toujours muet, quelquefois mort, et cependant d'une éloquence terrifiante. Voyons comment il procède, celui-là, depuis quelque temps. Voyons ce qui ressort, en substance, des débats récents où il intervient avec obstination.

LA JUSTICE, à mademoiselle Bière.

Pourquoi avez-vous frappé cet homme?

L'ACCUSÉE

Parce que l'enfant que j'avais eu de lui est mort par lui, et que, mon enfant étant mort, et son père m'ayant abandonnée, je voulais que cet homme mourût. 74

LA JUSTICE

Pourquoi, étant dans ces idées, avez-vous renoué des relations avec cet homme?

L'ACCUSÉE

Parce que j'aurais voulu avoir un autre enfant.

LA JUSTICE

Expliquez-nous cela.

L'ACCUSÉE

Je ne peux pas; mais toutes les mères me comprendront...

Depuis le mot de Marie-Antoinette devant le tribunal révolutionnaire, jamais l'âme de la femme traquée par la férocité de l'homme n'avait trouvé un mot plus profond, plus troublant, plus vrai.

Passons à mademoiselle Virginie Dumaire.

75

LA JUSTICE, à l'accusée.

Vous avez tué votre amant?

L'ACCUSÉE

Oui.

LA JUSTICE

Vous regrettez d'avoir donné la mort à cet homme?

L'ACCUSÉE

Non; ce serait à recommencer que je recommencerais.

LA JUSTICE

Pourquoi l'avez-vous tué?

L'ACCUSÉE

Parce que j'avais un enfant de lui et que je voulais qu'il reconnût cet enfant et que je ne voulais pas qu'il l'abandonnât.

LA JUSTICE

Mais vous avez déjà eu un enfant d'un autre homme?

L'ACCUSÉE

C'est vrai, mais il était mort. 76

LA JUSTICE

Ainsi, vous aviez appartenu déjà à d'autres hommes?

L'ACCUSÉE

Oui, mais j'avais un enfant vivant de celui-là.

Passons à madame de Tilly.

LA JUSTICE, à l'accusée.

Vous avez jeté du vitriol au visage de mademoiselle Maréchal.

L'ACCUSÉE

Oui.

LA JUSTICE

Parce qu'elle était la maîtresse de votre mari?

L'ACCUSÉE

Non. S'il n'y avait que cette raison, j'aurais pardonné.

LA JUSTICE

Pourquoi alors? 77

L'ACCUSÉE

Parce que j'ai des enfants et que mon mari, leur père, n'attendait que ma mort pour faire de cette femme la mère de mes enfants; il me l'avait dit: et je ne voulais pas que mes enfants eussent d'autre mère que moi, même moi morte.

Voilà donc les enfants, ou plutôt l'enfant qui entre dans le débat, et qui, par la voix de la femme, de la mère, de celle qui, comédienne, servante, grande dame, dans la honte ou la glorification, dans le secret ou en pleine lumière, a mis cet enfant au monde, au risque de sa propre vie, au milieu des angoisses, des terreurs, des tortures et des cris, voilà l'enfant qui entre dans le débat, et qui, légitime ou non, vivant ou mort, du sein 78 de sa mère, du fond de son berceau ou du fond de sa tombe, prend la défense de sa mère, que vous voulez condamner, contre son père, qui vous échappe; et le voilà défiant la loi qui recule.

Est-ce clair?

C'est que vous aurez beau faire et surtout beau dire, les lois de la nature resteront toujours antérieures aux lois du code et même de la morale; c'est qu'elles seront, en définitive, les plus fortes et que vous n'aurez de repos et de sécurité véritables que quand vous aurez mis d'accord ces trois termes: la nature, la morale et la loi. Il y en a deux qui s'entendent, la loi et la morale; mais la nature n'est pas admise dans leur convention et il faut qu'elle le soit.

C'est peut-être très moral et surtout 79 très simple de dire: «Les enfants naturels n'auront pas le droit de rechercher leur père; nous ne reconnaîtrons comme ayant des droits quelconques que les enfants nés d'un mariage ou reconnus par acte authentique et encore ceux-ci n'auront que des droits restreints à la notoriété, à l'estime, à l'héritage; il n'y a de femme respectable et pouvant invoquer notre protection que la femme mariée; à partir de quinze ans et trois mois, la jeune fille qui aura cédé à un homme, sans que celui-ci ait employé le rapt ou la violence, n'aura rien à nous demander si cet homme la rend mère et l'abandonne; le meurtre volontaire est puni de la prison ou des galères: s'il est accompagné de préméditation, il est puni de mort, etc.»

80 Tout cela est très moral, très simple, très clair, très joli, si vous voulez, mais cela n'a aucun rapport avec les instincts, les besoins, les exigences de la création universelle; ce sont des vues particulières, des menaces inutiles dont elle ne tient, dont elle ne peut tenir aucun compte dans son évolution providentielle et progressive; et, lorsque cette grande lutte du masculin et du féminin, lutte dans laquelle, comme mâles, nous nous sommes donnés tous les droits, vient finalement aboutir au champ clos du tribunal, la femme, sacrifiée depuis des siècles à vos combinaisons sociales comme fille, comme épouse, comme mère, se révolte et vous dit en face, car telle est la conclusion que l'on doit tirer de la répétition de certains faits déclarés jadis infâmes 81 par vos lois et aujourd'hui indemnes par vos jugements, et la femme criminelle, révoltée, entre deux gendarmes, sans repentir, menaçante, prête à recommencer, vous dit en face:

«Eh bien, oui, j'ai aimé; oui, j'ai ce que vous appelez failli, c'est-à-dire cédé à la nature; oui, je me suis donnée à un homme, à plusieurs même; oui, j'ai ensuite prémédité un crime, je me suis exercée à manier les armes des mâles; oui, j'ai attendu cet homme et je l'ai frappé par surprise, lâchement, dans le dos et en pleine rue; oui, j'ai demandé à celui-ci un dernier baiser, et, tandis qu'il me serrait dans ses bras et qu'il ne pouvait m'échapper, je lui ai brûlé la cervelle; oui, j'ai marqué mon mari infidèle et ingrat sur le visage de sa complice, de 82 cette jeune fille qui ne m'avait rien fait personnellement, qui ne me devait rien, qui ne se défiait pas de moi, qui ne pouvait pas me croire capable, moi femme du monde et respectée, d'une lâcheté et d'une ignominie; tout cela est vrai; mais je suis la mère, l'être sacré s'il n'a jamais failli, l'être racheté s'il aime l'enfant né de sa faute.

«Eh bien, ce que j'ai fait, je l'ai fait au nom de mon enfant qui est innocent, quelle que soit sa mère, que vous auriez dû protéger et que vous ne protégez pas. Vous avez permis à l'homme de me prendre vierge, de me rendre mère, de me rejeter ensuite déshonorée et sans ressources, et de me laisser à la fois la honte et la charge de son enfant; vous lui avez permis aussi, quand il m'avait 83 épousée, de me trahir, d'avoir d'autres femmes, contre lesquelles vous ne pouvez pas ou ne voulez pas me défendre, de me prendre ma fortune, celle de mes enfants pour la porter à l'autre, et vous m'avez condamnée à être éternellement la femme de cet homme, tant qu'il vivrait, si misérable qu'il fût. Vous me ridiculisez si je reste fille, vous me déshonorez et me conspuez si, en restant fille, je deviens mère; vous m'emprisonnez et m'annihilez si je me constitue épouse pour devenir mère; soit, j'en ai assez, et je tue. Vous avez permis que mon enfant, illégitime ou légitime, puisse ne pas avoir de père; emprisonnez-lui ou tuez-lui maintenant sa mère: il ne nous manque plus que ça; allez!»

Qu'est-ce que vous pouvez répondre? 84 qu'on n'a pas le droit de se faire justice soi-même? que l'homicide volontaire est prévu par tel article du Code pénal et doit être puni de telle et telle peine par tel autre? Essayez.

Les criminelles sont-elles donc véritablement dans leur droit? Non; mais elles montrent l'homme dans son tort, la loi dans son tort, et alors c'est la foule, c'est-à-dire l'instinct naturel qui devient l'arbitre et qui vous force à rendre votre verdict au nom de l'innocent qui est l'enfant. Et ce sentiment naturel et cette émotion sont montés à un tel degré, que, si celui que vous appelez le ministère public, le défenseur de vos lois, le protecteur de la morale, l'organe de la justice (un incident nouveau se produisant qui peut donner aux débats un cours 85 moins favorable à l'accusée), si ce magistrat inquiet, responsable, demande un surcroît d'enquête pour mieux connaître de la vérité, le public présent proteste comme dans une salle de spectacle, l'opinion s'irrite, la presse s'indigne. On ne rend pas assez tôt à la liberté cette femme qui a tué, cette meurtrière qui ne nie pas son crime, qui ne le regrette pas, qui le recommencerait si elle l'avait manqué. Et c'est le magistrat, c'est l'accusateur qui devient pour ainsi dire l'accusé.

Qu'est-ce que cela signifie vraiment? où en est la majesté de la justice? que devient le respect dû à la loi? Celui-ci a reçu deux balles dans les reins; il peut en mourir d'un moment à l'autre, on 86 vous l'a dit. Celui-là est mort assassiné; c'est encore plus net et plus sûr; ces hommes aussi avaient une mère, une famille, le dernier avait une profession, il servait à quelque chose; il n'avait ni volé ni tué, il n'avait commis aucun des délits que les législateurs, dans leurs longues et minutieuses méditations, ont prévus, numérotés, flétris, frappés d'une peine infamante ou taxés d'une réparation matérielle. Cette autre est défigurée, estropiée, condamnée à la honte, au célibat, à la misère et à la maladie. Ces trois personnes n'ont cependant agi comme elles l'ont fait qu'avec l'autorisation et la garantie de vos lois; elles n'ont commis ni un des crimes, ni un des délits, ni une des contraventions que vous avez incriminés ou même signalés 87 comme immoraux et justiciables d'une forte ou d'une petite peine; elles seraient en droit de vous dire: «Vous ne nous avez pas renseignés; vous ne nous avez pas indiqué nos devoirs; vous nous avez même dévolu des droits; nous ne pensions pas mal agir, puisque votre Code, si clair et si détaillé à la fois, n'indique nulle part que notre conduite soit répréhensible. La religion à laquelle nous avons été voués par nos parents en venant au monde et la morale qu'on nous a inculquée depuis nous apprenaient bien que notre conduite n'était pas très régulière, puisque nous pratiquions l'amour autrement que dans le mariage; mais les habitudes et les mœurs autorisent de tous côtés autour de nous ce que vos lois ne punissent ni ne défendent, et, 88 d'ailleurs la religion et la morale défendent tout aussi bien la séduction, l'abandon des enfants, les vengeances et les meurtres dont nous sommes victimes. Puis cette religion et cette morale n'ont aucun moyen coercitif à leur disposition, et, n'ayant plus à discuter qu'avec notre conscience, nous étions toujours sûrs, tant que nos forces physiques resteraient à la disposition de nos fantaisies, de trouver cette conscience aussi élastique et accommodante que la société au milieu de laquelle nous vivons; en outre, cette religion et cette morale tenant le repentir à notre service sans lui fixer d'époque, nous avions cru devoir remettre cette formalité aux derniers moments de cette vie terrestre et réjouir ainsi le ciel plus que ne le feraient les justes qui n'ont jamais péché.»

89 Voilà ce que ces trois personnes seraient en droit de vous dire si vous les écoutiez; mais vous en êtes réduits à ne plus les écouter, et, après leur avoir donné tant de droits de faire le mal, à ne pouvoir les défendre contre celui qu'on leur fait. La loi de Lynch tout bonnement. Les représailles personnelles, la justice par soi-même, œil pour œil, dent pour dent, voilà où vous en êtes, avec votre Code, objet d'admiration pour tous les peuples!

Et tous ces désordres, tous ces crimes, tous ces scandales, toutes ces illégalités parce que vous n'avez pas le courage, car ce n'est pas le temps qui vous manque, de faire des lois qui assurent à l'honneur des filles les mêmes garanties qu'à la plus grossière marchandise, qui rendent la même justice à tous les enfants 90 de la même espèce, de la même patrie, de la même destinée, et qui autorisent celui des deux époux que l'autre déshonore, abandonne, ruine ou trahit, à reprendre sa dignité, sa liberté, son utilité, sans avoir recours à l'adultère, à la stérilité, au suicide ou au meurtre. Alors, faute d'équité prévoyante et de justice préventive, maris qui égorgent leurs femmes, filles qui tuent leurs amants, épouses qui mutilent leurs rivales, applaudissements de la foule, prédominance des sentiments, défaite de la loi—et triomphe de l'idée.

Car tout se tient. Cette incarnation nouvelle de l'idée dans les *femmes qui tuent* n'est pas la seule à laquelle vous allez avoir à répondre, et nous en voyons déjà une autre, sœur de la première, poindre 91 dans les brumes de l'horizon, du côté où le soleil se lève.

Dieu sait si, dans notre beau pays de France, raisonnable, prévoyant, logique comme nous venons essayer de le démontrer une fois de plus, Dieu sait s'il y a des gens qui se tordent de rire chaque fois qu'on avance cette proposition: que les femmes, ces éternelles mineures des religions et des codes, ces êtres tellement faibles, tellement incapables de se diriger, ayant tellement besoin d'être guidés, protégés et défendus que la loi a mieux aimé y renoncer, voyant qu'elle aurait trop à faire, Dieu sait, disons-nous, s'il y a des gens qui se tordent de rire à cette seule proposition que les femmes pourraient bien, un jour, revendiquer les mêmes droits 92 politiques que les hommes et prétendre à exercer le vote tout comme eux. Jusqu'à présent, cette proposition n'avait été énoncée et soutenue que dans des journaux rédigés par des femmes et le seul retentissement qu'elle avait en était dans le rire presque universel dont elle avait été accueillie; ceux qui ne riaient pas, les personnages sérieux haussaient les épaules; quelques-uns, dont je suis, se demandaient tout bas si les réclamantes n'avaient pas raison. A vrai dire, la réclamation était faite le plus souvent dans des termes tellement exaltés, proclamant si haut la supériorité intellectuelle, morale, civile de la femme sur l'homme, qu'en effet elle disposait au rire. Mais, de ce qu'un droit est maladroitement revendiqué, il ne s'ensuit pas qu'il ne soit point un 93 droit. Tous les jours, un créancier sans instruction, dans une lettre dont l'orthographe aussi fait pouffer de rire, réclame ce qui lui est dû pour son travail, et, si comique que soit la forme de la réclamation, il n'en faut pas moins y faire droit et payer la créance.

En janvier 1879, je trouvais et relevais, dans un journal, une proclamation des femmes, et, comme en ce moment-là même, avec cette manie de prévoir qu'on a pu facilement constater dans mes habitudes, je touchais à la question dans la préface de *Monsieur Alphonse*, j'imprimai en note cette proclamation que je vais reproduire ici pour en arriver où je veux.

APPEL AUX FEMMES 94

«*Après ce dernier appel au triomphe de la République, voici venir l'heure de conquérir notre liberté. La question politique tranchée, on va s'occuper de la question sociale. Si nous ne sortons pas de notre indifférence, si nous ne réclamons pas contre notre situation de mortes civiles, la liberté, l'égalité viendront pour l'homme; pour nous femmes, ce sera toujours de vains mots.*

»*Les ministères se succéderont, la République de nom deviendra République de fait; si la femme se contente d'être résignée, elle continuera sa vie d'esclave sans pouvoir se rendre indépendante de l'homme, dont le droit seul est reconnu, le travail seul rétribué.*

»*Femmes de France,*

»*Trois projets de loi qui nous concernent sont en ce moment soumis aux Chambres. Eh bien, pas une de nous ne pourra les soutenir ou les amender. Une assemblée 95 d'hommes va faire des lois pour les femmes comme on fait des règlements pour les fous. Les femmes sont-elles donc des folles auxquelles on puisse appliquer un règlement?*

»*L'homme fait les lois à son avantage, et nous sommes forcées de courber le front. Parias de la société, debout! Ne souffrons plus que l'homme commette ce crime de lèse-créature de donner à la mère moins de droits qu'à son fils. Entendons-nous pour revendiquer la liberté et la faculté de nous instruire, la possibilité de vivre indépendantes en travaillant, la libre accession à toutes les carrières pour lesquelles elles justifieront des capacités nécessaires;*

»*L'association, et non la subordination dans le mariage;*

»*L'admission des femmes aux fonctions de juges consulaires, de juges civils, de jurés;*

»*Le droit d'être électeurs et éligibles dans la commune et dans l'État.*

»*Femmes de Paris, il ne tient qu'à nous 96 de changer notre sort. Affirmons nos droits, réclamons-les avec persévérance et insistance. Nos sœurs de la province nous suivront, et les républicains sincères nous donneront leur concours à la tribune et au scrutin, parce que tous savent qu'émanciper la femme, c'est affranchir la génération naissante, c'est républicaniser le foyer.*»

Tel est cet appel, resté et devant rester sans écho. En le transcrivant dans ma préface, je le faisais suivre de cette seule réflexion:

Le rédacteur du journal qui a cité cette proclamation trouve cela drôle. S'il est encore de ce monde dans vingt ans, il reconnaîtra que cela n'était pas aussi drôle qu'il le croyait le 23 janvier 1879.

Reprenons aujourd'hui cette proclamation, tenons-la pour une expression 97 sincère, et jugeons-la avec l'impartialité à laquelle tout ce qui est sincère a droit, quelle que soit la forme; tâchons d'établir le vrai, le faux, les contradictions, les résultats d'un pareil manifeste et mettons toute la méthode, toute la justice, toute la clarté, toute la logique possibles dans cette discussion. Ce n'est pas très facile quand on discute de la femme telle qu'elle doit être avec la femme telle qu'elle est, telle que nous l'avons faite, avouons-le, nous les hommes; car nous l'autorisons tantôt par notre despotisme, tantôt par notre admiration, tantôt par notre mépris, à dire que tout ce qu'elle a de bon vient d'elle et que tout ce qu'elle a de mauvais vient de nous. Prenons le fond même des choses et traitons-les avec le même sérieux que l'auteur du manifeste.

98 La question n'est pas nouvelle. Cette revendication politique des femmes, ce désir de vouloir être associées à l'homme et même substituées à lui dans le gouvernement de l'État, date de loin; il y a deux mille trois cents ans, Aristophane écrivait sur ce sujet une de ses meilleures comédies et la tentative féminine a maintes et maintes fois été répétée depuis lors. Prenons la dernière, elle est restée et restera longtemps peut-être sans acquiescement, du moins parmi les femmes. Les raisons de l'insuccès sont bien simples et bien faciles à donner.

D'abord, nombre de femmes n'ont pas lu ce manifeste; mais toutes les femmes de l'univers l'eussent-elles lu, le résultat obtenu eût été absolument le même. Dans quel groupe féminin eût-il pu trouver 99 de l'approbation et de l'appui. Voyons comment se répartit l'espèce féminine dans notre pays et dans tous les pays civilisés.

Il y a d'abord (à tout bonheur tout honneur), il y a d'abord les femmes heureuses dans l'état actuel des choses. Celles-là non seulement ne demandent pas la moindre réforme, mais elles la redoutent et elles traitent de folles ou de déclassées celles qui en demandent une. Il est vrai de dire que le bonheur personnel n'est pas un argument dans une discussion générale, ce n'est qu'un privilège et il devient aisément de l'égoïsme. Nombre d'hommes aussi avaient trouvé le bonheur dans l'état social au milieu duquel ils vivaient; cela n'a pas empêché d'autres hommes, ayant à souffrir de cet état social, de faire des révolutions nécessaires, et ce n'est pas 100 fini, quels que soient la satisfaction et le profit que des hommes nouveaux tirent des réformes nouvelles. Il n'y a donc pas à compter sur l'adhésion des femmes heureuses du moins tant qu'elles seront heureuses, et, en attendant, si elles se comptent, elles verront qu'elles seront loin d'être la majorité.

Il y a les femmes habiles, intelligentes, si vous aimez mieux, qui, munies de certaines qualités physiques et morales, ont tourné l'obstacle, comme on dit, et faisant ce qu'elles veulent du milieu qu'elles occupent, tiennent les hommes pour des êtres inférieurs et déclarent que celles qui ne se tirent pas d'affaire, comme elles, sont des niaises et des maladroites. Il n'y a pas non plus à compter sur celles-là, encore moins que sur les premières. Non seulement 101 elles ne se plaindront jamais de l'état des choses, mais elles le trouvent parfait et comptent bien qu'il n'y sera rien changé. En tout cas, si le changement arrivait, elles seraient toutes prêtes à en tirer parti comme de ce qui est. Mais, dans cette discussion, la ruse n'est pas plus un argument irréfutable que le bonheur.

Il y a, et c'est la masse, les femmes du peuple et de la campagne, suant du matin au soir pour gagner le pain quotidien, faisant ainsi ce que faisaient leurs mères, et mettant au monde, sans savoir pourquoi ni comment, des filles qui, à leur tour, feront comme elles, à moins que, plus jolies, et par conséquent plus insoumises, elles ne sortent du groupe par le chemin tentant et facile de la prostitution, mais 102 où le labeur est encore plus rude. Le dos courbé sous le travail du jour, regardant la terre quand elles marchent, domptées par la misère, vaincues par l'habitude, asservies aux besoins des autres, ces créatures à forme de femme ne supposent pas que leur condition puisse être modifiée jamais. Elles n'ont pas le temps, elles n'ont jamais eu la faculté de penser et de réfléchir; à peine un souhait vague et bientôt refoulé de quelque chose de mieux! Quand la charge est trop lourde elles tombent, elles geignent comme des animaux terrassés, elles versent de grosses larmes à l'idée de laisser leurs petits sans ressources, ou elles remercient instinctivement la mort, c'est-à-dire le repos dont elles ont tant besoin. Il n'y a donc pas à compter sur l'adhésion de ces malheureuses. 103 Si le journal où se trouve l'*Appel aux femmes* leur tombe entre les mains, elles en enveloppent le morceau de hareng salé ou de fromage mangé à la hâte sur un morceau de pain dur, et elles ne le liront pas même après, par la meilleure de toutes les raisons: elles ne savent pas lire. Vienne l'émeute, quelques-unes, dans les grandes villes, assassineront, incendieront et se feront fusiller dans le vin, le pétrole et le sang; voilà tout; mais l'ignorance, la misère et la servitude ne sont pas plus que le bonheur et la ruse des arguments en faveur du maintien des choses.

Il y a les femmes honnêtes, esclaves du devoir, pieuses. Leur religion leur a enseigné le sacrifice. Non seulement elles ne se plaignent pas des épreuves à traverser, mais elles les appellent pour mériter 104 encore plus la récompense promise, et elles les bénissent quand elles viennent. Tout arrive, pour elles, par la volonté de Dieu, et tout est comme il doit être dans cette vallée de larmes, chemin de l'éternité bienheureuse. Non seulement celles-là ne réclameraient, dans aucun cas, ce que l'*Appel aux femmes* demande, mais elles ne l'accepteraient pas si on le leur offrait. D'ailleurs, elles ne lisent ni les journaux, ni les livres où il est question de ces choses-là; cette lecture leur est interdite. Si, par hasard, elles avaient connaissance de pareilles idées, suggérées certainement par l'esprit du mal, elles en rougiraient, elles en souffriraient pour leur sexe, et elles prieraient pour celles qui se laissent aller à propager de si dangereuses erreurs et à donner de si déplorables 105 exemples. Il ne faut donc pas non plus compter sur celles-là, quoi qu'elles aient à souffrir de notre état social, puisque la soumission est leur règle, le sacrifice leur joie et le martyre leur espérance. Mais, pas plus que le bonheur, la ruse, l'ignorance, la misère et la servitude,—la foi aveugle, l'extase et l'immobilité volontaire de l'esprit ne sont des arguments sans réplique.

Il y a celles qui ne sont ni heureuses, ni adroites, ni abruties, ni pieuses, qui ont assez de dignité pour vouloir rester dans le bien, assez d'intelligence pour pouvoir être associées à n'importe quel homme, ou pour entrer seules dans n'importe quelle carrière, où il n'est besoin que de volonté, de patience, d'énergie, de probité; assez d'idéal, de tendresse, et 106 de dévouement pour être épouses et mères; assez de réserve et de respect d'elles-mêmes pour ne jamais récriminer, et qui, parce qu'elles sont femmes, et femmes ou moins belles, ou moins hardies ou moins riches surtout que d'autres, se voient refuser, non seulement les sentiments et les joies, mais les positions, les moyens d'existence auxquels elles pourraient prétendre. Trop affinées par l'éducation pour le travail des manœuvres, trop fières pour la domesticité ou la galanterie, trop timides pour la révolte ou l'aventure, trop *femmes* pour les vœux monastiques, sous la pression régulièrement pesante, circulaire et infranchissable de l'égoïsme collectif, celles-là voient, de jour en jour, en sondant l'horizon toujours le même, s'effeuiller 107 dans l'isolement, dans l'inaction, dans l'impuissance, les facultés divines qui leur avaient d'abord fait faire de si beaux rêves et dont il leur semble que l'expansion eût pu être matériellement et moralement si profitable aux autres et à elles-mêmes. Elles sentent qu'elles auraient pu donner au moins autant de bonheur qu'elles en auraient reçu, et elles meurent sans avoir été ni amantes, ni épouses, ni mères. De temps en temps, elles font une tentative individuelle, isolée, avec leurs seules ressources et leurs seules forces dans quelqu'une de ces carrières ou de ces entreprises des mâles, où l'appui si nécessaire de l'homme et de l'argent leur manque presque toujours et qui avorte, ajoutant des soucis pour l'avenir aux tristesses du présent et du passé; quelquefois 108 une espérance secrète de revanche par le cœur, par l'amour, amène un écart mystérieux, une faute désintéressée et touchante cruellement et silencieusement expiée sans recours à l'assassinat. S'il est un groupe de femmes auquel l'*Appel aux femmes* devrait s'adresser, où il devrait trouver des alliées, c'est celui-là. Mais il ne faut pas compter non plus sur ces femmes. Leur intelligence, leur instruction, leurs chagrins, leurs déceptions sans cesse renouvelées, tout leur dit qu'il y aurait autre chose à faire d'elles et pour elles que ce qu'on fait; mais, leur modestie, l'habitude de l'effort inutile, la peur du bruit et du scandale ne leur permettent que des adhésions secrètes et des complicités tout intérieures. Elles souffrent, elles doutent, elles se taisent, 109 et, passé un certain âge, elles n'espèrent même plus.

Enfin, il y a les femmes intelligentes, dont l'intelligence, grâce à la fortune ou à l'indépendance matérielle, n'a pas besoin d'aller jusqu'à l'habileté; ces femmes, ne se considèrent pas seulement comme des êtres de sentiment, de fonction et de plaisir: elles s'intéressent aux grandes questions humaines et sociales; elles lisent, s'éclairent, vivent, sans le pédantisme fustigé par Molière, dans le commerce des esprits supérieurs, et, se faisant accessibles aux idées de progrès et de civilisation en dehors des formules traditionnelles et consacrées, dites «bonnes pour les femmes», elles se tiennent pour aussi capables que les hommes de comprendre, de réfléchir, de savoir et de 110 juger. Ces femmes-là ne doutent pas que la femme, en qualité de personne humaine, douée d'un cœur et d'un cerveau, tout comme l'autre personne humaine, ne doive avoir un jour les mêmes droits, noms, raisons et actions que celle-ci. Seulement, elles savent que ce progrès, elles ne sauraient le conquérir de prime abord par elles seules, que c'est là, au commencement, œuvre d'homme, et que ce progrès ne peut être que retardé à être violemment et publiquement revendiqué par elles. Dans le groupe des hommes où ces questions de l'avenir s'agitent et qui sont appelés à les traiter un jour dans la politique, groupe qu'elles traversent constamment, elles sont par leur éducation, par leurs aptitudes, par leur droiture, par leur morale élevée, large, conciliante, 111 par leurs qualités intellectuelles et morales, par leurs perceptions fines et leur interprétation ingénieuse des choses, elles sont le meilleur exemple et le plus puissant témoignage en faveur de l'égalité sociale, morale, légale de l'homme et de la femme. Mais ces femmes ne sont pas nombreuses, et l'appel public qui leur est fait ne doit pas compter sur leur adhésion publique. La question, pour elles, est à la fois trop sérieuse, trop complexe et trop délicate pour être livrée aux hasards des discussions en plein air, et compromise par les utopies des impatientes et des excessives, sur lesquelles seulement un tel manifeste pouvait compter, de sorte que les auxiliaires qu'il recrute et qui adhèrent à lui publiquement sont justement celles qui le compromettent et qui éloignent les autres.

112 D'où viennent l'impatience, l'exagération, l'agitation extérieure de ces adhérentes dangereuses? De convictions sincères, nous n'en doutons pas, mais plus souvent nées de souffrances, de déceptions, d'erreurs individuelles que d'observations désintéressées. «Ce sont ceux qui souffrent qui crient!» diront ces femmes; ce n'est pas douteux; et, si ceux qui souffrent ne criaient pas, on ne saurait pas qu'ils souffrent et personne ne songerait à soulager les maux ou à réparer les injustices dont ils ont à se plaindre, c'est tout aussi évident. Mais la souffrance par elle seule n'est pas plus un argument irréfutable que le bonheur. Toute souffrance a droit à la pitié et à l'assistance; mais elle est quelquefois la conséquence logique et le châtiment fatal d'une imagination 113 exaltée, d'une insoumission irréfléchie, d'un rêve déçu, d'un orgueil trop grand, d'un manque d'énergie et de volonté.

On n'arrive, très souvent, homme ou femme, à craindre et à tenter de détruire un état social, qu'après l'avoir longtemps exploité tel qu'il était. On n'a donc à lui reprocher que de ne s'être pas prêté à certaines combinaisons peut-être trop exigeantes. Ce n'est pas là une raison suffisante pour ceux que l'on veut troubler dans leur repos et leurs habitudes. De là cette résistance instinctive et naturelle à des réformes radicales dont la cause peut être attribuée aux intérêts purement personnels et même mal définis de ceux qui les réclament. «Il faut voir», disent les gens sans parti pris; mais, pour bien voir, il faut du temps, et les impatients 114 déclarent qu'ils ont vu et bien vu pour tout le monde. Cela n'est pas toujours convaincant.

La personne humaine, homme ou femme, est continuellement à la recherche du bonheur; mais le bonheur est relatif et dépend des tempéraments, des caractères, des milieux. Chacun se rêve un bonheur particulier, et celui-là serait le fou des fous qui croirait qu'en donnant à chacun le bonheur particulier qu'il désire, on constituerait le bonheur universel. D'un autre côté, disons-le, au risque de passer une fois de plus pour un esprit paradoxal, si nous ne pouvons pas toujours nous procurer le bonheur que nous souhaitons, nous pouvons toujours nous soustraire aux malheurs qui nous frappent, lesquels ne sont jamais, passez-moi le mot, 115 que des bonheurs qui n'ont pas voulu *se laisser faire*.

Il n'y a pour l'homme que deux malheurs involontaires, qu'il puisse qualifier d'immérités, dont il ait vraiment le droit de se plaindre et auxquels la société doive vraiment assistance et pitié; ce sont ceux qu'il peut trouver à sa naissance: la misère et la maladie. En dehors de ces fatalités congénitales, ce qu'il appelle son malheur est toujours son œuvre. La vie ne réalise pas toutes ses espérances, et alors il se déclare malheureux. Il veut le plaisir, il veut la fortune, il veut l'amour, il veut la gloire, il veut la famille! Un jour, le plaisir se dérobe, la fortune échappe, l'amour trompe, la gloire trahit, la famille se dissout par l'ingratitude ou la mort; alors l'homme maudit la destinée, il crie à l'injustice.

116 En réalité le malheur de l'homme se réduit à ceci: à ce qu'il n'a pas été aussi heureux qu'il comptait l'être, qu'il s'attribuait le droit de l'être. Si cet homme qui se plaint tant, avait su pour lui-même ce qu'il savait si bien pour les autres, et ce qu'il leur disait si bien, quand il les entendait gémir en lui demandant de les consoler: que le plaisir est éphémère, que la fortune est changeante, que l'amour est volage, que la gloire est trompeuse, que l'enfant est mortel et souvent ingrat, il n'aurait pas connu les malheurs qu'au lieu et place du bonheur espéré, lui ont causés la famille, la gloire, l'amour, la fortune et le plaisir. Il a joué, avec l'espoir de gagner, il a perdu, il paye. Qu'y faire? Il n'avait qu'à ne pas jouer.

Un homme qui ne se marie pas est sûr 117 de ne pas avoir les ennuis, les dangers, les chagrins du mariage; un homme qui n'a pas d'enfants est sûr de ne pas en perdre et de ne pas les voir ingrats; un homme qui a de quoi vivre, qui s'en contente et qui ne cherche pas à devenir millionnaire est sûr de ne pas perdre ce qu'il possède; un homme qui n'a pas de maîtresse est sûr de ne pas être trahi par elle; un homme qui n'a pas l'ambition des hautes destinées est sûr de ne pas être précipité des sommets, et il se soucie fort peu que la roche tarpéienne soit près du Capitole. Ce n'est pour lui que de la géographie et de l'architecture. Ce qui fait le malheur de l'être humain, toujours en dehors de la misère et de la maladie natives, c'est qu'il met son bonheur dans les choses périssables, lesquelles, en se désagrégeant 118 par la loi des épuisements et des métamorphoses, laissent dans le vide, dans la stupeur et dans le désespoir ceux qui se sont fiés à elles. Tout être qui ne s'attachera qu'aux choses éternelles ne connaîtra pas ces malheurs-là. De là cette sérénité des grands religieux et des grands philosophes; de là leur mépris bienveillant, charitable et doux pour les infortunes humaines dont ils ont trouvé la cause dans les erreurs et les faiblesses du petit désir humain. Pas de déceptions, pas de fatalités, pas de récriminations pour ceux qui se vouent à l'amour exclusif, sans calculs et sans ambitions terrestres, de la nature, de Dieu, de l'art, de la science, de l'humanité.

Alors plus d'action, plus de mouvement, plus d'idéal, plus d'espérances; plus 119 de but, plus de liens, plus de familles, plus de sociétés par conséquent! La vie, non pas même des animaux, lesquels obéissent encore à des instincts, à des besoins, à des émotions, à des sentiments, mais des automates et des machines, ou alors un monde de raisonneurs, de saints, de contemplatifs, s'extasiant devant la création sans rien demander, sans rien comprendre à la créature, et, en définitive, la stérilité et la mort pour éviter l'illusion, la faute et la douleur. Voilà ce que vous nous demandez?

Moi, je ne vous demande rien. J'établis tout bonnement ce qu'on appelle un état de situation. Je me trouve en face de personnes qui se plaignent et qui accusent la société de tous les maux dont elles souffrent. Je cherche si, en effet, 120 collectivement, les hommes sont aussi coupables que certaines personnes le disent de leurs malheurs particuliers. Je trouve et je prouve que l'initiative personnelle y entre pour beaucoup, je démontre mathématiquement qu'il n'y a vraiment que deux malheurs involontaires et immérités, et, ce point établi que nous ne saurions poursuivre la réalisation du bonheur humain à travers tous les *alea* de ce monde, sans avoir la chance de nous égarer et de nous perdre, j'indique le moyen certain, bien connu, qui est et restera peu usité de n'avoir rien à redouter des douleurs communes, et, après ce préliminaire indispensable à mes conclusions, j'en reviens à l'*Appel aux femmes*, et je m'occupe de discerner en toute conscience, avec ceux qui ne se 121 croient pas le droit de tout railler à première vue, ce qu'il faut prendre, ce qu'il faut laisser des revendications féminines qui, par des actes violents ou des manifestes libellés, se proposent et vont bientôt s'imposer à la discussion politique.

Établissons avant tout ceci:

Quand la femme demande à ne pas être esclave de l'homme, et quand, en même temps, elle croit pouvoir être indépendante de l'homme, elle a tort.

D'abord la femme n'est esclave de l'homme que quand elle le veut bien, quand elle l'épouse, et rien, légalement, ne la force de l'épouser. Ensuite elle ne peut pas avoir une vie à part, indépendante de l'homme, puisque l'homme remplit certaines fonctions matérielles 122 qu'elle ne peut remplir, et sans lesquelles sa vie à elle, sa vie à part, sa vie indépendante comme elle la voudrait, n'aurait aucune sécurité, aucune possibilité d'être; ainsi l'homme est soldat et la femme ne l'est pas. Elle dépend donc de l'homme, même si elle reste célibataire, pour la défense de son foyer. Quant à son esclavage, il est, nous le répétons, volontaire; elle est légalement libre, aussi libre, plus libre que l'homme, à partir de vingt et un ans, et pas un pouvoir au monde ne saurait lui prendre la moindre parcelle de cette liberté légale, si elle veut la garder, liberté bien autrement étendue, bien autrement avantageuse, toujours légalement, que la nôtre.

En effet, à vingt et un ans, la femme peut se marier sans le consentement de 123 ses parents ou plutôt en passant outre; à vingt-cinq ans seulement, l'homme peut se marier dans les mêmes conditions; autrement dit, il est, pendant quatre ans de plus qu'elle, esclave de la loi, et, sur ce point, dans l'état social, inférieur à la femme. Ce n'est pas tout. L'homme est astreint, non de son plein gré, mais par un de ces règlements que la femme l'accuse d'avoir dirigés contre elle seule, l'homme est astreint au service militaire et, s'il déserte, s'il se révolte, les galères ou la mort. De cet esclavage qui pèse sur l'homme et dont elle est dispensée, la femme ne parle pas. Cette dispense, vaut cependant bien quelque chose. La femme est donc mal venue à demander son admission aux fonctions de juge civil et de juré; il n'y a pas plus lieu de lui 124 accorder le droit de diriger l'État qu'il n'y a eu lieu de lui imposer le devoir de le défendre. Qu'elle soit soldat d'abord, elle sera juge, consul ou juré ensuite.

Voilà donc de grands avantages sur les hommes concédés par les lois à la femme. En les lui attribuant, les lois se sont conformées aux indications de la nature. La femme leur a paru être organiquement plus précoce, musculairement plus faible que l'homme; elle a tenu compte de sa précocité, quant au mariage; de sa faiblesse, quant aux fonctions. La femme lui paraissant plus faible que l'homme, la loi, dans le mariage, a voulu la mettre non pas sous le pouvoir, mais sous la protection de l'homme. Là encore, elle a suivi les indications de la nature. L'enfantement, l'allaitement, les soins assidus à donner 125 à l'enfant pendant son enfance, c'est-à-dire pendant dix ou douze ans, tout cela, joint à la faiblesse naturelle de la femme, exigeait la tutelle du mari. Cette tutelle devient facilement de la surveillance, de la tyrannie, parce que la loi a dû compenser pour l'homme les trop grands privilèges que, dans l'union conjugale, la nature accordait à la femme et qui étaient un danger incessant pour le mari. En effet, avec un peu d'habileté, qui n'est pas rare, la femme peut introduire dans le foyer commun, donner le nom et appeler à des biens patrimoniaux ou acquis, à la succession de son époux, l'enfant d'un autre homme, tandis que l'homme ne peut jamais, quoi qu'il fasse, imposer à sa femme l'enfant d'une autre femme. L'homme s'est donc attribué certains droits ou plutôt 126 certaines garanties qui ne le garantissent pas toujours, bien qu'il en abuse souvent à l'égard de ces femmes irréprochables et sacrifiées, en faveur desquelles nous demandons le divorce. La femme peut donc avoir à se plaindre de l'homme dans le mariage; mais alors elle rentre dans les *alea* de la recherche du bonheur commune aux deux sexes. Elle a espéré être heureuse par le mariage, elle ne l'est pas; elle s'est trompée, et elle paye son erreur. L'homme est soumis comme elle à la même déception, s'il a commis la même faute; ce n'est pas là une loi spéciale prise en défaut, c'est une loi générale, pour les uns et les autres. La femme pouvait éviter les chagrins du mariage. Elle n'avait qu'à ne pas se marier. Rien ne l'y forçait. Elle a cédé à l'espérance d'être plus heureuse par 127 le mariage que par le célibat, soit; la loi humaine, jusque-là, n'a rien à se reprocher.

Savez-vous ce qui fait le malentendu dans cette interminable discussion de la revendication des droits des femmes? C'est que les femmes se trompent de mot, involontairement bien entendu, dans l'exposé de cette revendication et qu'elles s'en prennent aux lois de ce qui est, encore une fois, l'œuvre des mœurs. Voilà la vérité. Les droits accordés par les lois sont identiques pour elles comme pour l'homme, et, même, nous l'avons dit, s'il y a un avantage, il est pour la femme. La loi lui laisse faire tout ce qu'elle permet à l'homme. Elle lui donne toute la liberté compatible avec la sécurité publique, et l'homme n'en a pas plus qu'elle. C'est seulement quand la 128 femme a fait une chose, non pas commandée, mais recommandée par les mœurs, lesquelles n'ont pas de règlement fixe, ni de moyens matériels de contrainte, c'est seulement enfin lorsque la femme a cédé aux conseils et à l'influence des mœurs, toujours avec l'espérance de les utiliser à son profit, c'est alors seulement qu'il lui vient l'idée d'accuser les lois de son insuccès ou de son erreur. La loi n'impose à la femme aucun mode particulier d'existence; elle se borne à les prévoir tous, autant que possible, pour le cas où, une difficulté survenant par suite de la mauvaise exécution d'un contrat particulier volontaire, signé par les deux parties, on vient réclamer son intervention et son arbitrage. La femme n'a donc pas à réclamer les mêmes droits légaux que les hommes; 129 elle les a. La femme majeure, comme l'homme majeur, est complètement libre: elle peut quitter sa famille, aller, venir, voyager, s'expatrier, acheter, vendre, négocier, entrer dans toutes les carrières en accord avec son intelligence, son instruction, ses aptitudes, ses forces, son sexe. Elle peut vivre à sa fantaisie et avoir autant d'enfants qu'il lui plaît, si la nature s'y prête, avec qui bon lui semble.

«Mais cette femme qui vit selon sa fantaisie, qui a des enfants avec qui bon lui semble, elle est compromise, déshonorée, honnie.»

Par qui? pas par les lois, par les mœurs.

«Mais il est dans la destinée de la femme de se marier, d'avoir un époux légal, des enfants légitimes.»

130 Où avez-vous vu cela? Dans les mœurs. Il n'en est pas question dans les lois.

Les lois réglementent le mariage, mais elles ne l'ordonnent pas, elles ne le conseillent même pas.

Je comprendrais les réclamations des femmes, si ces réclamations se produisaient contre les mœurs. Je comprendrais les femmes disant: «Nous avons un idéal: l'amour; nous avons une mission: la maternité. Nous demandons à réaliser notre idéal, à accomplir notre mission.

»C'est non seulement notre idéal, c'est non seulement notre mission, c'est encore, au nom de la nature qui prime toutes les institutions humaines et morales, toutes les lois et toutes les mœurs, c'est notre droit et c'est notre devoir. Nous demandons les moyens d'exercer 131 notre droit et de faire notre devoir.»

A quoi la société répondrait:

«Le mariage a été justement institué pour la satisfaction de cet idéal, de cette mission, de ce droit et de ce devoir.

—Mais les hommes veulent seulement épouser celles qui leur apportent une dot, et un très grand nombre parmi nous, n'ayant pas cette dot, ne peuvent pas se marier. Pouvez-vous forcer les hommes à nous épouser?

—Non.

—Soit; nous comprenons l'homme ne voulant pas perdre définitivement et irréparablement sa liberté; il a une action à faire comme nous avons une mission à accomplir; il ne recule pas devant l'amour, il recule devant un contrat par lequel il se trouve trop engagé. Il y a un 132 moyen de tout concilier, c'est l'union libre, nous demandons le droit de la contracter, au risque d'être abandonnées par l'homme demeuré libre.

—Vous avez ce droit, personne ne s'y oppose; mais la morale le réprouve.

—Qui a édicté cette morale?

—Des législateurs religieux et politiques.

—Des hommes alors?

—Oui.

—Ont-ils appelé des femmes dans leurs conseils avant de prendre ces arrêtés?

—Non.

—Cependant les femmes composent la moitié du genre humain, et elles étaient fort intéressées dans la question.

—Ils ont pris cette décision tout seuls.

133 — Et qu'ont-ils établi pour les filles que les hommes n'épousaient pas?

— Qu'elles se résigneraient au célibat et à la stérilité; elles peuvent aussi se faire religieuses et servir le Dieu au nom duquel cette morale a été proclamée.

— Et si elles ne se résignent pas?

— Elles seront ce qu'on appelle des femmes de mauvaise vie, elles seront méprisées et exclues de la société des honnêtes gens.

— Alors les hommes qui ne se marient pas et qui se donnent avec ces femmes les plaisirs de l'amour sans en assumer les charges, qu'ils leur laissent, sont encore plus méprisés qu'elles et plus ignominieusement chassés de la société des honnêtes gens?

— Non.

134 — Pourquoi? — Parce que ce sont les hommes qui ont établi ces lois morales et qu'ils les ont établies naturellement à leur avantage.

— Alors, moi qui enfante dans la douleur et dans les cris, les entrailles ouvertes, en face de la mort, je suis, même si j'ai succombé par ignorance, sans savoir ce que je faisais, je suis plus coupable et plus méprisée que l'homme qui de la génération ne connaît que le plaisir?

— Oui.

— C'est souverainement injuste!

— Ça dure ainsi depuis très longtemps; maintenant, c'est consacré.

— Très bien; mais, dans cette société des honnêtes gens, dont nous serions exclues en cas d'unions libres publiquement contractées, nous voyons beaucoup 135 d'unions libres malgré les mariages légaux contractés antérieurement. Nous voyons des hommes mariés qui ont d'autres femmes que les leurs, des femmes mariées qui ont d'autres hommes que leurs maris; tout le monde le sait, personne ne leur dit rien; comment cela se fait-il?

— Ces gens-là ont eu la bonne chance et la précaution de se mettre en règle avec la société par leur mariage.

—Mais la morale?

—Elle n'a rien à voir là dedans; c'est affaire de mœurs.

—Nous demandons des lois qui changent ces mœurs.

—Impossible. Les mœurs modifient quelquefois les lois; les lois ne modifient pas les mœurs.

136 —Soit; je cours la chance de la honte pour avoir l'enfant; car, mon enfant, je pourrai au moins le garder?

—Peut-être!

—Comment, peut-être? qui me le prendrait?

—Son père.

—Mais puisqu'il ne sera pas mon mari.

—Il pourra le reconnaître, et, si tu as approuvé la reconnaissance et que ce soit un garçon, c'est-à-dire ton soutien et ton défenseur dans l'avenir, son père pourra te le prendre quand il aura sept ans, en prouvant qu'il a, lui, le père, plus de moyens d'existence que toi, ce qui arrive presque toujours; mais ne crains rien: le père tient bien rarement à élever son enfant, à moins que ce ne soit pour se venger de la mère.

137 —Se venger, et de quoi? —Nous ne savons pas; cela rentre dans la conscience.

—Mais je puis nier, m'a-t-on dit, que cet homme soit le père de mon enfant.

—Parfaitement.

—Alors on me laissera mon fils.

—Oui.

—Et je pourrai lui donner mon nom?

—Si tu le veux.

—Et, si j'acquiers du bien en travaillant pour lui, je pourrai lui laisser mon bien pour qu'il ait au moins l'indépendance?

—Non. Si tu lui donnes ton nom, et que tu aies un père, une mère, des frères, des sœurs, tu ne pourras lui donner qu'une partie de ton bien.

—Même si mon père, ma mère, mes 138 frères et mes sœurs m'ont chassée pour l'avoir mis au monde.

—Oui; mais tu n'as qu'à ne pas lui donner ton nom, qu'à ne pas l'appeler ton fils, qu'à le traiter comme un étranger, tu pourras lui donner tout ton bien.

—Qui a décidé cela?

—Les lois.

—Qui a fait les lois?

—Les hommes.

—Ceux qui avaient déjà fait la morale et les mœurs?

—Les mêmes.

—Merci.»

Là évidemment et non dans l'occupation des carrières et des fonctions publiques, est le vrai, l'unique, l'éternel sujet, l'éternel droit des revendications 139 de la femme. Sur ce terrain, elle a pour elle la nature, la justice, la vérité et tous ceux qui ont un cœur et une conscience. Voilà pourquoi, quand, poussée à bout par la lâcheté de l'homme et la sauvagerie de la loi, et se faisant lâche comme l'un et sauvage comme l'autre, elle tue et mutile, voilà pourquoi la justice en est réduite à l'absoudre et l'opinion à l'acclamer.

Mais toutes les femmes abandonnées par leur amant, trahies par leur mari, victimes de l'ingratitude ou de l'égoïsme de l'homme ne peuvent pas jouer du revolver ou du vitriol et elles n'en souffrent pas moins, pour avoir une douleur moins retentissante et moins meurtrière; c'est alors que certaines femmes, à qui ces moyens répugnent, posent dans des 140 manifestes exagérés, maladroits, ridicules, des conclusions irréalisables. Elles veulent déclarer à l'homme, dans les lois, la guerre que l'homme leur fait dans les mœurs; elles veulent lui prouver qu'elles peuvent être moralement et intellectuellement leurs égales; qu'elles peuvent même leur être supérieures. Lasses de voir l'homme leur prendre impunément l'honneur, la liberté, l'amour, elles veulent lui prendre ses travaux et ses places, et elles s'étonnent du silence ou du rire qui leur répondent. C'est que, tout le monde le sait, et elles le savent tout aussi bien, les femmes ne tiennent en aucune façon à faire le métier des hommes, leur métier de femmes leur suffit bien. Seulement, celui-là, elles veulent le faire et le faire complètement, en quoi elles ont raison. Alors, elles disent aux hommes: «Ou donnez-nous ce que la nature vous a dit de nous donner, l'amour, le respect, la protection, la famille régulière, ou donnez-nous ce que vous avez gardé pour vous seuls, la liberté.» Ce dilemme a du bon. Voyons comment cette liberté réclamée par la femme lui arrivera, en dehors des lois qu'elle sollicite.

Évidemment, au train que suivent les choses, l'homme va de moins en moins donner l'amour, le respect, la protection, la famille régulière à la femme. Entraîné par la liberté qu'il s'adjuge de plus en plus, il va tendre à supprimer de plus en plus toutes les entraves et toutes les attaches; il va vouloir de plus en plus être maître de lui. Je ne l'en blâme pas. Croire, espérer qu'au milieu de l'ébranlement, de la décomposition et de l'éparpillement de toutes les choses du passé, l'homme va faire un retour sur lui-même à l'endroit de la femme, et se mettre à reconstituer la famille sur les bases de l'idéal, de l'amour et de l'unité, c'est une erreur nouvelle à joindre à toutes les erreurs connues. La femme va donc être de plus en plus dans son droit de se plaindre et de réclamer. Les revendications personnelles deviendront plus nombreuses et plus inquiétantes; la justice légale ayant déjà désarmé plusieurs fois, les justices individuelles et arbitraires se feront jour et place de plus en plus; l'opinion sera constamment appelée en témoignage, l'émotion sera sollicitée par des avocats habiles, désireux de s'illustrer et de s'enrichir; la question posée dans les faits et souvent, toujours résolue en faveur des accusées, commencera à s'imposer aux lois. Les scandales seront si grands, si contagieux, si applaudis, qu'il faudra se décider à prendre un parti. Quand, en dehors du mariage, les femmes auront égorgé un plus grand nombre d'hommes et tordu le cou à un plus grand nombre d'enfants; quand, dans le ménage, les hommes et les femmes qui auront été assez bêtes pour contracter des unions indissolubles, auront enrichi les armuriers et les épiciers à force de se tirer des coups de fusil ou de revolver et de se jeter du vitriol au visage, il faudra bien s'apercevoir qu'il y a un vice fondamental de construction dans ce beau 144 monument du Code civil, y faire quelques réparations, y changer quelques pierres de place et aérer davantage les articles trop étroits et devenus inhabitables. De temps en temps, la justice officielle essayera de ressaisir son autorité et de rendre quelques jugements destinés à inspirer une salutaire terreur et à arrêter le mouvement; elle verra alors ce qui se passera: les jurés et les magistrats seront sifflés, hués, maltraités peut-être. Notre magistrature, *que l'étranger nous envie*, sera compromise; notre belle institution du jury, soit qu'elle reste dans la sentimentalité, soit qu'elle tourne à la résistance, sera traitée d'institution caduque et grotesque; personne ne voudra plus être juré, pas même l'auteur du manifeste qui nous occupe, et la réforme depuis longtemps 145 nécessaire, obstinément refusée, se fera, comme, hélas! se font chez nous toutes les réformes, par la violence et les excès.

Dans le mariage, le divorce sera rétabli, fatalement, inévitablement.

Le divorce étant rétabli, la femme étant par conséquent moins opprimée, elle n'aura plus d'excuses de recourir à l'adultère et elle aura moins besoin d'être consolée. L'amant se trouvera éliminé, le prêtre sera remis à son plan respectif, et la femme, ayant conquis plus de droits, aura ainsi acquis plus de valeur.

Voilà pour le mariage, qui, ainsi équilibré par des devoirs et des droits équipollents, comme eût dit Montaigne, deviendra pour les contractants à la fois plus attrayant, plus moral et plus sûr.

Quant aux amours libres, ils ne vont 146 faire que croître et embellir, pour une foule de raisons que j'ai développées autre part [1] et qu'il n'y a pas lieu de rappeler ici. La prostitution de la femme va perdre peu à peu son caractère d'autrefois. Sauve qui peut, après tout, dans une société où personne ne s'occupe de son voisin que pour l'entraver, le mépriser ou le détruire! Ce qui fut jadis une honte pour quelques-unes, un danger pour quelques autres, va devenir une carrière, un fait, un monde, avec lesquels la civilisation devra compter, et qui amèneront d'abord des modifications imprévues dans les mœurs, encore plus imprévues dans les lois. Cette carrière, toujours disponible pour les filles pauvres douées de jeunesse, de beauté, d'esprit; ce monde de la sensation 147 et du plaisir toujours ouvert aux hommes jeunes ou vieux, dotés d'appétits et d'argent; ce monde étrange, sans droits et sans devoirs, à mesure qu'il se développera, se prendra au sérieux comme tous les autres mondes coïncidant avec un état nouveau des sociétés, comme l'aristocratie, comme la bourgeoisie, comme la démocratie actuelle, dont il a émergé. Semblable à ces îles jaillissant tout à coup d'une mer tourmentée par quelques mouvements géologiques et devenant un jour des forêts, puis des cités, ce monde aura bientôt son autonomie, ses institutions, ses intérêts communs, ses sentiments de progrès et de solidarité, son idéal, sa morale même. C'est certain. Ce sera une colonie comme beaucoup d'autres, fondées par des exilés, des criminels et des parias. 148 Au bout d'un certain temps elles ont oublié leur origine dans la fortune acquise, et elles réclament et elles obtiennent le droit de s'appeler État ou Nation. Il vient même un moment où elles traitent avec les grandes puissances. Il en sera de même de la prostitution féminine, dont le luxe, la notoriété, l'accroissement déjà considérables, depuis un quart de siècle, permettent de prévoir ce que j'annonce aujourd'hui.

[1] Préface de *Monsieur Alphonse*

Des hommes du monde, des millionnaires, des princes, ont déjà épousé quelques-unes des indigènes; et nombre des filles de ces dernières, sans rougir encore de la profession maternelle, n'ont plus besoin de l'exercer et viennent, par des unions régulières dès le commencement, féconder de leurs dots l'industrie, le commerce, les 149 affaires et quelquefois redorer et même nettoyer des blasons historiques. Ce n'est pas tout; et la nature humaine a des enchaînements inconscients, mystérieux, bien intéressants à étudier. Ces femmes n'ont pas de remords, elles n'ont même pas de regrets; elles sont maintenant trop nombreuses, trop groupées, trop riches, trop célèbres pour cela. Le monde qui les exclut et qui souvent les envie, ne leur manque pas du tout. Non seulement elles y exercent des représailles sur les hommes, mais quelquefois elles font de bonnes recrues parmi les femmes; tout irait donc pour le mieux, si elles ne vieillissaient pas. Malheureusement, dans ce monde, on vieillit encore plus vite que dans l'autre. Il s'agit donc d'occuper les années du crépuscule et du soir. Arrive 150 alors le désir d'imiter les femmes comme il faut, le besoin de faire parler de soi autrement que par le passé et de franchir les limites de leur activité connue, une sorte de préoccupation du mystère de la mort, peut-être un vague et secret espoir d'un rachat par la charité, espoir déposé à temps et utilement entretenu dans leur âme par un bon prêtre subitement intervenu, indulgent et attentif.

Dieu lui-même ordonne qu'on aime,
Sauvez-vous par la charité.

L'Évangile finit par demander le concours de Béranger!

Tout cela joint à la sensibilité naturelle à leur sexe, développée par le bien-être, tout cela fait que ces femmes appliquent, à l'étonnement de tous, une part de leur 151 fortune à des œuvres pies. Voilà tout à coup ces filles du mal qui se passionnent pour le bien, plein d'attraits souvent pour les consciences attardées. Cela les amuse, d'être utiles, et la nouveauté de cet amusement leur tient lieu de traditions et d'habitude. Elles donnent aux églises de leurs villages, elles couronnent des rosières dans leurs communes natales ou dans le village voisin de leurs domaines, et elles finissent par fonder des établissements de secours, de refuge, d'éducation pour *les leurs* et les enfants *des leurs* qui ont eu moins de chance ou de prévoyance qu'elles.

Les voilà donc déjà en rapport avec l'administration, non pour en subir comme autrefois les règlements particuliers, mais pour lui communiquer ceux 152 qu'elles font. Voilà cette administration garante, auxiliaire, respectueuse. Voilà ces femmes patronnesses, quêteuses, utiles, mêlées à la civilisation, à la religion ou du moins à l'Église, à la morale publique, sans rien changer à leur genre de vie. Elles n'ont imposé à leurs vieillards ou à leurs enfants recueillis aucune formule religieuse particulière. Enfants et vieillards catholiques, protestants, israélites, musulmans, libres penseurs, athées, tous bien venus, surtout s'ils viennent on ne sait d'où. Elles gardent pour elles leur foi particulière, elles ne l'exigent pas de leurs obligés. Qui fait la charité sans préférence et sans exclusion, a toutes les Églises et toutes les philosophies pour soi. Ne sommes-nous pas dans l'ère de l'indulgence et de la conciliation?

153 Leurs pauvres augmentent de plus en plus; elles ne peuvent plus ou elles ne veulent plus suffire, elles seules, aux besoins croissants des œuvres. Parmi les orphelins, les abandonnés dont on s'occupe là, beaucoup d'enfants naturels, adultérins de gens de théâtre,

de petits artistes misérables ou morts. Cela donne le droit d'invoquer l'assistance et de demander le patronage de quelques grandes et honorables célébrités féminines. On organise des concerts, des représentations, des fêtes, des tombolas. Le secours de la presse est sollicité et obtenu. Quelques articles bien faits, les larmes coulent; le public est convoqué, au nom du plaisir et de la charité réunis. Les amants..., — pardon! ne parlons plus des amants, ce serait de mauvais goût en un pareil sujet! — les 154 amis de ces dames, enchantés d'avoir une nouvelle occasion de parler d'elles et de les vanter, après avoir pris part à leur première organisation, après les avoir aidées de leur bourse, et après avoir bien ri ensemble de les voir dans ce rôle nouveau et tout à fait imprévu, leurs amis leur apportent l'offrande, les encouragements, les conseils de leurs autres amies du monde, de leurs parents, de leurs sœurs, de leurs mères, de leurs femmes, en attendant que ces dames, charitables aussi, et curieuses, autorisent, provoquent des rencontres, dont elles reviennent en disant: «Il y a vraiment, parmi ces créatures, des femmes très intelligentes, très bonnes, très distinguées.» Voyez-vous les contacts, les infiltrations, les enchevêtrements, les concessions, 155 les indulgences, les sympathies, les intérêts, les mélanges, l'égalité.

Mais ce n'est pas là, heureusement, pour le féminin opprimé par les mœurs et les coutumes, le seul débouché ouvert à son évolution instinctive et providentielle. Il prend maintenant d'autres routes, plus dures, dans le commencement, que celle-là, plus solitaires, plus tristes, mais sûres pour toute énergie et toute persévérance, et où l'homme qui la rencontre devient un auxiliaire et non un ennemi.

Je ne parle même pas du théâtre, où la femme trône et passionne à ce point, qu'il faut révoquer des diplomates qui abandonnent le char de l'État pour s'atteler au sien, où elle s'enrichit si vite et 156 par le théâtre seul, qu'elle peut donner un million pour racheter sa liberté conjugale, acheter des résidences royales, fonder des hôpitaux et des écoles dans les pays qu'elle traverse. Je ne parle pas non plus des autres arts, comme la peinture et la sculpture, où elle forme un groupe qu'on pourrait appeler l'école des femmes et dont Rosa Bonheur est le chef illustre et respecté. Elle est déjà dans le théâtre, dans l'atelier; la voilà comédienne, peintre, statuaire. Nous allons la voir bachelier, étudiant en droit, élève en médecine, clerc et carabin. En effet, elle tente aujourd'hui l'étude des sciences réservées jadis à l'autre sexe. J'en suis désolé pour Molière, mais Chrysale a tort: la femme trouve décidément que son esprit a mieux à faire que de se hausser 157 à connaître un pourpoint d'avec un haut de chausses; elle ne borne plus son étude et sa philosophie à faire aller son ménage, à avoir l'œil sur ses gens, à former aux bonnes mœurs l'esprit de ses enfants, à savoir comment va le pot dont son mari a besoin par la raison bien simple qu'elle perdait sa jeunesse à attendre le ménage qui ne venait pas, et qu'elle ne pouvait ni surveiller les gens qu'elle n'avait pas le moyen d'avoir, ni former aux bonnes mœurs l'esprit des enfants qu'aucun mari ne songeait à lui donner. Entre Chrysale, qui ne voulait pas d'elle, et don Juan, dont elle ne voulait pas, elle a pris le parti d'essayer de se suffire à elle-même et d'escalader toute seule les hautes régions de la science et de la philosophie. Voyant son âme mal comprise et son 158 corps mal convoité, elle a immolé son sexe et elle en a appelé à son esprit; elle prend ses inscriptions; elle subit des examens dans les sciences et dans les lettres, dans la médecine et dans le droit; elle troque la robe de la faiseuse en renom contre la robe noire de Pancrace et de Marphurius.

Le bourgeois dont riait Molière a beaucoup ri en voyant cela, comme il fait toujours quand il voit quelque chose de nouveau; mais, lorsque ce n'est pas Molière qui rit des choses, les choses ne courent aucun danger. S'il vivait de nos jours, il n'en rirait pas. Molière avait le grand bonheur de vivre dans une époque où l'on pouvait rire de la sottise humaine sans être forcé d'y chercher remède. Le poète riait, le roi riait, la cour riait, la chose 159 dont on riait était tenue pour risible. Aujourd'hui, il n'en va plus tout à fait de même. Non seulement le roi ne rit plus, mais il a disparu, la cour a disparu, et Molière a fait comme eux, malheureusement, car cet esprit profond et sagace verrait certainement, le mieux du monde, ce qu'alors il ne pouvait même pas prévoir.

Voilà donc la femme ou plutôt une des formes de la femme se dérobant à la domination de l'homme par le travail jusqu'alors attribué à l'homme et dont l'homme seul passait pour être capable; la voilà non pas lui déclarant la guerre, mais réclamant et venant prendre sa place dans le domaine où il croyait pouvoir à tout jamais rester seul occupant. A-t-elle, pour cela, demandé l'intervention des lois ou une loi nouvelle? Non. Elle a tout simplement 160 usé de son droit et de ses facultés intellectuelles qui se sont trouvées être à la hauteur de son ambition, sans qu'elle s'en fût doutée auparavant, prise qu'elle était dans les classements arbitraires des dominations politiques et religieuses. Cette femme nouvelle va faire souche, et son schisme va avoir ses conséquences non seulement dans l'ordre social, mais même dans l'ordre psychologique.

Dans toutes les classes de la société, la jeune fille, riche ou pauvre, belle ou laide était élevée ou dressée en vue non pas du mari, entendons-nous bien, mais d'un mari. Sans ce mari, rêvé, espéré, cherché çà et là, elle ne pouvait rien être. Si le mari ne se présentait pas, mélancolie ridicule, stérilité physique et intellectuelle pour la pauvre créature.

161 Elle voyait toutes ses contemporaines partir en riant pour les régions soi-disant enchantées du mariage et de la liberté, et elle restait seule sur le rivage désert où Thésée non seulement ne revenait pas la prendre, mais ne venait même pas l'abandonner. Elle n'avait d'Ariane que le désespoir; elle n'avait pas ses souvenirs.

Aujourd'hui, la femme commence, et, si quelqu'un l'approuve, c'est bien moi, à ne plus faire du mariage son seul but et de l'amour son seul idéal. Elle peut se passer de l'homme pour conquérir la liberté; elle commence à l'entrevoir, sans pour cela faire abandon de sa pudeur et de sa dignité: tout au contraire, en développant son intelligence, en élargissant son domaine; et la liberté qui lui viendra par le travail sera bien autrement réelle 162 et complète que la liberté purement nominale qui lui venait par le mariage. Quant à l'amour, il perd ainsi à ses yeux beaucoup de ses tentations premières, dont les nécessités sociales où elle était parquée lui exagéraient énormément l'importance. Réduite à sa seule valeur de sentiment, il faut bien le dire, l'amour fait souvent assez piètre figure. Il est volage, dominateur, éphémère, ingrat, aveugle; il est d'amorce séduisante, mais voilà tout. La nature s'en sert très habilement pour la création universelle et indispensable; les sociétés s'en servent religieusement et politiquement, s'efforçant d'en tirer le mariage, c'est-à-dire le groupement des êtres, rendus plus soumis et plus producteurs par le stationnement et les solidarités locales de la famille. Si on l'examine 163 de près, on voit qu'il produit, somme toute, plus d'inquiétudes, de déceptions, de douleurs que de joies.

Aussi a-t-il besoin d'une forte doublure pour être un peu durable et résister aux intempéries de l'âme humaine.

Il a fallu, pour arriver à le rendre d'apparence éternelle, le flanquer, quant à l'homme, d'une compensation matérielle, d'une dot, et, quant à la femme, d'une garantie légale, en dehors de l'espérance non avouée d'une liberté plus grande. Les religions et les philosophies le tiennent pour si méprisable, qu'elles ont pour premier principe d'essayer d'en dégager complètement l'homme. En dehors des religieux et des philosophes, tous les grands esprits ayant vraiment quelque chose à faire dans ce monde 164 ou le tiennent pour dangereux ou monotone, ou en font un culte secret, s'alliant avec leur génie et leur liberté, avec le mystère et l'idéal, avec le rêve et la forme, avec l'imagination et l'infini. Héloïse, Béatrix, Laure, Léonore, la Fornarine, Victoria Colonna, sont les incarnations supérieures de cette combinaison particulière, inaccessible à la masse des hommes.

Les femmes qui vont aux arts, aux sciences, aux professions libérales sont des femmes auxquelles le mariage ne vient pas, parce qu'elles manquent de la dot compensatrice pour l'homme, ou parce qu'elles ne se sentent aucun goût pour cette association. Du moment qu'elles font le travail, qu'elles entrent dans les carrières et qu'elles aspirent au talent des 165 hommes, c'est pour conquérir comme eux la fortune ou la liberté, ou l'une et l'autre. Une fois la fortune et la liberté acquises, que leur représentera le mariage, sinon une dépossession, le mari étant le chef de la communauté, et un esclavage, la femme devant obéissance au mari? Tout cela était bon quand il n'y avait pas d'autre moyen pour la femme d'accomplir sa destinée sexuelle et sociale; mais, maintenant, elle perdrait trop à rentrer volontairement dans les compartiments du passé. «L'amour l'y ramènera?» Le croyez-vous? Ce doit être l'orgueil d'un homme qui me fait cette objection. Êtes-vous sûr que les femmes aiment *tant que ça* les hommes?

Il y avait dans l'Église catholique un grand prélat qui me faisait quelquefois 166 l'honneur de philosopher avec moi en dehors du dogme, et tout en maudissant mes hérésies. Un matin du mois d'août, sous les grands arbres de son jardin épiscopal, nous devisions, et je me permettais de soutenir cette proposition, à savoir:

«qu'il n'y a pour la femme, au milieu de toutes ses transformations naturelles et sociales, que deux états, bien différents l'un de l'autre, auxquels elle aspire véritablement, qu'elle comprenne bien, et dont elle jouisse pleinement: c'est l'état de maternité ou l'état de liberté. La virginité, l'amour et le mariage sont pour elle des états passagers, intermédiaires, sans données précises, n'ayant qu'une valeur d'attente et de préparation».

«Il y a du vrai dans ce que vous me dites, me répondait mon illustre interlocuteur. 167 J'ai pu constater que, sur cent jeunes filles dont j'avais fait l'éducation religieuse et qui se mariaient, il y en avait au moins quatre-vingts qui, en revenant me voir, après un mois de mariage, me disaient qu'elles regrettaient de s'être mariées. — Cela tient, monseigneur, à ce que le mariage surtout, au bout d'un mois, n'a pas encore initié la femme ou à la maternité qu'elle souhaite ou à la liberté qu'elle rêve.»

Sautons de là chez les Mormons, c'est-à-dire aux antipodes. Ce peuple m'intéresse beaucoup; je l'ai beaucoup étudié, sans me contenter d'en rire tout de suite, parce que toute société qui se forme contient toujours pour l'observateur des bases intéressantes d'expérimentations physiologiques, les instincts naturels s'y mouvant 168 à leur aise. Chez les Mormons, où la polygamie existe, l'homme ne peut épouser une seconde femme qu'avec le consentement de la première; une troisième, qu'avec le consentement des deux autres, et ainsi de suite. Jamais ce consentement n'a été refusé, bien que la femme ne puisse, elle, avoir plusieurs maris, et il y a eu, en vingt ans, deux cas seulement d'adultère féminin et de prostitution. Pas un seul adultère d'homme. Mais les femmes mormonnes aiment et soignent les enfants les unes des autres. Ce n'est pas tout; non seulement elles donnent leur consentement à leurs maris, quand ils le leur demandent pour un nouveau mariage, mais elles sont quelquefois les premières à leur proposer une nouvelle femme qui a, disent-elles, des qualités nécessaires 169 à la communauté, en réalité pour augmenter un peu la possession d'elles-mêmes, c'est-à-dire leur liberté. Je ne serais pas étonné que les missionnaires mormons qui viennent chercher des femmes en Europe pour les hommes du lac Salé finissent par emmener beaucoup de nos filles françaises, lasses d'attendre le mari français. Cela vaudrait beaucoup mieux que la stérilité des unes et la prostitution des autres. Les missionnaires mormons ne font pas plus de prosélytes femmes chez nous, parce qu'ils s'y prennent mal. Nous avons en France, grâce à nos lois et à nos mœurs, un féminin considérable à leur disposition.

En attendant il semble démontré, par cette nouvelle expérience de la polygamie, que la femme se contente très bien d'une 170 portion d'homme et n'est même pas fâchée de voir d'autres femmes lui prendre une part de ce qu'elle appelle ses sentiments et ses droits, surtout dans les pays où les devoirs lui paraissent trop lourds. En somme, chez nous, coutume, curiosité, nécessité sociale et morale, voilà ce qui décide les jeunes filles au mariage; mais d'amour dans le véritable sens du mot, point. Une femme mariée peut dire qu'elle aime son mari ou un autre homme, elle sait bien ce que veut dire le mot amour, elle sait ce qu'elle fait et où elle va; une jeune fille, je parle des plus droites, des plus innocentes et en même temps des plus enthousiastes, une jeune fille ne peut jamais dire avec certitude qu'elle aime son fiancé. Une jeune fille qui fait ce qu'on appelle un mariage d'amour n'aime 171 pas l'homme qu'elle épouse, elle le préfère, ce n'est pas la même chose. De là ce mot beaucoup plus juste: mariage d'inclination. Comment saurait-elle, la pauvre enfant, à n'en pouvoir douter, à quoi reconnaîtrait-elle sûrement qu'elle aime? L'amour n'est pas fait que de rêve, d'idéal, d'espérance, de sympathie: il est fait de réalités physiologiques qui ne se révèlent qu'après le mariage, qui peuvent fortifier et compléter l'amour dans le cœur de la jeune fille, mais qui peuvent aussi ramener au confessionnal, avec des regrets au taux de quatre-vingts pour cent, certaines natures délicates qui ne les avaient pas prévues. L'homme sait toujours comment, pourquoi, avec quoi il aime; la femme l'ignore. De là le conflit si fréquent et quelquefois si rapide dans les mariages d'amour.

172 L'amour ne ramènera donc pas au mariage les femmes libérées par le travail, la connaissance et la liberté des mâles. Qui sait même si l'amour subsistera en elles? Parmi les grandes artistes vivantes dont nous parlions tout à l'heure, nous en pourrions nommer une arrivée aujourd'hui à soixante ans, qui ne sait pas plus qu'il y a des hommes que Newton arrivé au même âge ne savait qu'il y avait des femmes. Si, au contraire, l'amour subsiste, s'il est un vrai besoin de la nature de ces femmes émancipées par les professions libérales, elles aimeront selon la loi, dans le cas où la loi aura été modifiée de

façon à rendre le mariage supportable pour les contractants: sinon, elles aimeront selon la nature et s'en tiendront aux unions libres, dont la durée reposera purement et 173 simplement sur la volonté et la loyauté de chacun. L'étude et le travail diminuent considérablement les proportions des légalités réputées nécessaires aux sentiments comme ils diminuent, il faut bien le reconnaître, l'importance de ces mêmes sentiments. Quand on ne regarde plus qu'avec son cerveau, on voit de plus haut et plus loin. Quiconque s'est donné la peine d'étudier un peu attentivement la nature de l'homme dans le fonctionnement social, sait que, là où le sentiment vrai existe, aucune légalité ne l'arrête, et que, là où il est mort, aucune légalité ne le réveille. Une légalité peut contraindre un être vivant à traîner éternellement un cadavre avec lui, mais ce sera tout. Est-ce absolument nécessaire? «Oui, pour les intérêts sociaux et moraux de ceux qui sont 174 nés du rapprochement de cet être vivant et de ce cadavre, vivant aussi jadis.» Mais, si une nouvelle légalité a pourvu à ces intérêts, la première n'aura plus sa raison d'être et cette nouvelle légalité va bien être forcée de se produire par suite des mouvements nouveaux que nous constatons. Le Code fera comme le Dictionnaire, il subira et il sanctionnera l'usage.

Enfin la science, et, principalement, la recherche des causes et des fins de l'homme, des moyens et du but de la nature, la science va faire, sous l'impulsion et sous la garantie de la liberté, des progrès rapides, effrayants pour tout ce qui est de révélation purement sentimentale et surnaturelle. La science est la religion de l'avenir, Auguste Comte et Littré sont ses prophètes, le positivisme 175 est son dogme fondamental; vous aurez beau faire, vous n'y échapperez pas; cela est évident pour tout esprit de bonne foi, n'ayant pas d'intérêt à voir autre chose que ce qui est. Cette religion, comme toutes les autres, va avoir ses fanatiques, ses apôtres, ses martyrs. Le docteur Tanner, s'il n'est pas une invention américaine, est déjà là pour le prouver. S'il est une invention, un autre le prouvera bientôt et les sectaires suivront. Ces sectaires, on ne les comptera pas seulement parmi les hommes, mais aussi parmi les femmes, les curieuses par excellence, dérobeuses de pommes comme Ève, ouvreuses de boîtes comme Pandore, et toujours prêtes pour le nouveau, pour l'imprévu, pour tout ce qui les fait sortir de la 176 pure fonction sexuelle, de l'état *terrien*. Une fois entraînées par certains exemples, une fois leur cadre conventionnel brisé, les femmes vont donc se jeter dans la science comme elles se jettent dans tout ce qui les passionne, la tête en avant, à corps perdu, c'est le vrai mot. Prenant leur revanche de l'immobilité séculaire à laquelle on les a condamnées, elles vont courir, par n'importe quels chemins à côté de l'homme, devant lui si elles peuvent, contre lui s'il le faut, à la conquête d'un nouveau monde. En matière de sensation, la femme est l'extrême, l'excès de l'homme. Quand on sait avec quel mépris de toute raison et de toute souffrance, la femme va à l'hallucination et au martyre, dès qu'elle est vraiment dans la foi; avec quel oubli 177 de toute dignité et de toute pudeur elle va à la soumission et à la débauche dès qu'elle est vraiment dans l'amour, on peut prévoir l'audace et la frénésie avec lesquelles elle tentera la découverte et affrontera le fait lorsqu'elle sera vraiment dans la science. Elle se soumettra comme l'homme aux plus rudes travaux, aux expériences les plus douloureuses, aux épreuves les plus étranges pour trouver le mot de l'énigme. Elle se laissera arracher les seins comme sainte Agathe, si cela peut révéler le mystère de la lactation; elle passera son enfant à sa voisine, comme sainte Félicité, pour aller se livrer aux bêtes, non pour prouver que Jésus a dit la vérité, mais pour savoir si Darwin a raison.

Jeune homme de quinze ans, qui lisez 178 ces pages en cachette, vous vivrez peut-être encore soixante ans; je vous le souhaite, car il va être à la fois de plus en plus difficile et de plus en plus intéressant de vivre jusqu'à soixante-quinze ans. Vous entendrez probablement, avant votre mort, un de mes futurs confrères réclamer comme nous le faisons si inutilement d'ailleurs aujourd'hui pour les enfants nés de l'homme et de la femme, réclamer la création d'établissements destinés à recueillir les enfants nés des hommes et des guenons, des femmes et des singes. La première fois que vous entendrez cette réclamation, venez sur ma tombe, frappez-la trois fois du fer de votre canne et dites tout haut: «C'est fait.» Quelque passant vous demandera peut-être de quoi il s'agit, vous le lui expliquerez, 179 si toutefois à cette époque il passe encore quelqu'un dans les cimetières et s'il y a encore des tombes!

Jusque-là, tenons-nous-en aux phénomènes présents, de constatation évidente.

Donc, développement du meurtre, de la prostitution, du travail intellectuel, c'est-à-dire représailles sur l'homme, exploitation de l'homme, concurrence à l'homme. Telle est la triple indication nouvelle et symptomatique que nous donne la femme moderne.

Mais tout s'enchaîne, nous le répétons, tout est de logique et de déduction, dans le monde moral comme dans le monde physique, et nous avons vu la revendication politique de la femme se 180 produire parallèlement à ces diverses revendications morales. Nous allons voir maintenant ces idées politiques éparses, informes, commencer à s'incarner dans une personne humaine, corps et verbe, comme doit être toute incarnation et venir publiquement et résolument mettre opposition et faire résistance à la loi. En un mot, une femme, mademoiselle Hubertine Auclert, a refusé tout à coup de payer l'impôt, prétendant, puisque les femmes n'étaient pas admises à le voter, qu'il n'y avait pas de raisons pour qu'elles le payassent; que, du moment qu'on leur imposait les mêmes charges qu'aux hommes, on devait leur reconnaître les mêmes droits qu'à eux, et qu'elle demandait finalement que les femmes eussent le droit de voter, comme les hommes, puisqu'elles 181 payent comme eux. On a beaucoup ri, et la loi a passé outre: l'officier public est venu saisir les meubles et objets appartenant à mademoiselle Hubertine Auclert, pour qu'elle eût à payer ce qu'elle doit à l'État. Elle a payé, mais en protestant et en prenant acte de cet abus de pouvoir. On a encore beaucoup ri.

La loi a passé outre, parce que le terrain n'était pas suffisamment préparé pour cette lutte légale. La loi n'est pas toujours si fière, même dans les pays où elle a le plus d'autorité. Quand elle rencontre un adversaire bien résolu et bien armé sur un terrain bien choisi, elle bat en retraite immédiatement, cet adversaire fût-il aussi seul que l'était mademoiselle Hubertine Auclert.

Il y a toujours eu, de par le monde, 182 mais en ce moment plus que jamais, une foule de gens qui ne croient pas à la Bible comme livre divin. Ces gens ont raison. La Bible est, par endroits, un beau livre de conception religieuse, d'autorité sacerdotale, de théocratie politique, mais que Dieu n'a pas plus dicté qu'il n'a dicté les livres sacrés indous, les Védas, dont la Bible est sortie, ainsi que toute la mythologie grecque. Cependant l'Angleterre ayant fait retour, avec

Henri VIII, après Luther, à la religion pure, a tenu et déclare tenir encore ce livre pour la parole même de Dieu. On le donne à toutes les jeunes filles, et les nobles membres du Parlement, quand ils entrent pour la première fois à la Chambre, font vœu de fidélité et de respect à la reine et aux lois sur un exemplaire, probablement 183 très ancien, de ce livre. Dernièrement, M. Bradlaugh, nommé membre du Parlement, eut à prêter le serment traditionnel. Il refusa, non parce qu'il ne voulait pas être fidèle à la reine et soumis aux lois, mais parce que, ne croyant pas à la Bible, comme livre divin, il refusait justement de prêter un serment dans lequel il voulait qu'on eût de la confiance sur un livre dans lequel il n'en avait pas. M. Bradlaugh était prêt à faire le serment exigé, mais tout simplement sur son honneur, dont il était plus sûr que du Dieu d'Abraham et de Jacob. Grand émoi. Un Anglais envoyé par ses électeurs au Parlement, chargé par conséquent de faire respecter les lois anciennes, tout en en faisant de nouvelles, dès son entrée dans la Chambre, refusait de se 184 soumettre à la loi qui en gardait la porte! Un Anglais de la grande Angleterre protestante rejetait et niait l'autorité de la Bible consacrée. Et le livre divin attendait! Parmi tous les miracles qu'il relate, il ne s'en trouvait pas un pour forcer la langue de M. Bradlaugh. Ni l'ange avec son épée de feu, ni Moïse avec sa verge de fer, ni Samson avec sa mâchoire d'âne ne pouvaient venir à bout de ce mécréant. Il fallut recourir aux moyens humains, à la menace d'exclusion. Exclure le délégué d'un groupe nombreux d'électeurs qui ne le déléguaient que parce qu'ils pensaient probablement comme lui, c'était grave; mais renier la Bible, c'est sérieux aussi, en Angleterre surtout. On vote: M. Bradlaugh est exclu. Il proteste. On lui ordonne 185 de sortir. Il refuse. «Je suis ici par la volonté du peuple, je ne sortirai que par la force.» Toujours Mirabeau. Seulement ce n'est pas, cette fois, un des trois ordres qui parle ainsi; c'est un homme seul, tout seul, mais fort de sa conviction et de son bon sens, en face d'une coutume d'un autre âge, d'une loi surannée, en contradiction absolue avec l'esprit des temps modernes. On met la main sur l'épaule du parlementaire et on le fait sortir de la salle des séances: voilà qui est fait. Le livre triomphe. Trois jours après, M. Bradlaugh est réintégré sur son siège et donne à son serment la forme qu'il préférait. Comme c'est simple! on avait reconnu qu'il était dans son droit, que cela n'empêchait pas la Bible d'être un livre divin, surtout 186 pour ceux qui le croient, mais qu'à l'avenir elle ne serait plus associée au serment politique, probablement pour qu'elle ne soit plus exposée aux mêmes désagréments. Le livre divin rentra dans la bibliothèque, M. Bradlaugh rentra dans le Parlement, et tout fut dit.

Voilà donc la loi du serment sur la Bible abrogée en Angleterre après des siècles d'existence. La libre pensée, incarnée politiquement en M. Bradlaugh, a eu raison, en trois jours, d'une tradition séculaire. David, avec sa petite fronde, a de nouveau tué Goliath. Pourquoi? Parce que ce que M. Bradlaugh venait dire tout haut, tout le monde qui pense, le pensait depuis longtemps et le disait tout haut ou tout bas. A son interpellation subite et résolue, la légende, la coutume, 187 la routine, ont fait leur résistance accoutumée en pareil cas; puis elles se sont évanouies et ont disparu dans les brumes où elles étaient nées.

Eh bien, mademoiselle Hubertine Auclert fait aujourd'hui chez nous contre l'impôt ce que M. Bradlaugh vient de faire contre le serment biblique. Seulement mademoiselle Hubertine Auclert n'a ni le sexe reconnu, ni le lieu consacré, ni l'arrière-garde indispensable pour ces sortes de déclarations de guerre; elle est femme, elle proteste en plein air, en son nom seul, sans groupe d'électeurs, ayant fait une première élection avec une intention formelle qu'ils sont prêts à confirmer par une ou plusieurs élections semblables. Mademoiselle Hubertine Auclert est donc battue.

188 Est-ce parce que le payement de l'impôt est plus admiré et surtout plus aimé en France, que le serment biblique en Angleterre? Non, certainement. *Celui qui écrit ces lignes* ne paye jamais ses contributions qu'à la dernière extrémité, sur invitation verte, sur contrainte avec frais, et il n'est pas le seul parmi ceux qui pourraient s'exécuter tout de suite. Qu'est-ce que ce doit être pour ceux qui ont à peine de quoi vivre! L'impôt est tout ce qu'il y a de plus impopulaire chez nous; seulement il a pour lui un argument hors de toute discussion: aucune société ne peut fonctionner sans lui. Il faut donc le payer quand même.

Aussi mademoiselle Hubertine Auclert ne refuse-t-elle pas de le payer; seulement elle demande à savoir pourquoi on le lui 189 fait payer; elle demande à prendre part aux droits des citoyens dont on lui impose les charges. En un mot, elle demande à être assimilée aux hommes, qui payent aussi l'impôt, mais qui le votent, directement ou par délégation. Elle consent à donner son argent, mais elle voudrait donner son avis. Bref, elle réclame ses droits politiques, qu'elle borne pour le moment au droit de voter. Elle ne demande pas, comme l'auteur de la proclamation, à être juge consulaire, juge civil, juré, éligible, elle demande à être électeur.

Eh bien, pourquoi ne serait-elle pas électeur, elle et toutes les autres femmes de France aussi? Quel empêchement y voyez-vous? Quelles raisons péremptoires peut-on opposer à cette revendication?

Mademoiselle Hubertine Auclert dit: 190 «Je ne dois pas payer l'impôt puisque je ne le vote pas, ni par moi-même, ni par des délégués nommés par moi.» C'est une raison, mais ce n'est pas la meilleure. Les orphelins mineurs et propriétaires payent aussi l'impôt sans le voter ni par eux-mêmes, ni par leurs délégués. Mademoiselle Hubertine Auclert aurait pu ajouter: «Je ne dois pas payer l'impôt comme les hommes, parce que la société, qui me réclame cet impôt, me fournit moins qu'aux hommes le moyen de le gagner, et que les moyens personnels que j'ai de le gagner sont inférieurs à ceux des hommes.» C'est une meilleure raison que la sienne, mais ce ne serait toujours pas la meilleure.

La meilleure de toutes les raisons est qu'il n'y a aucune raison pour que les 191 femmes ne votent pas comme les hommes.

En 1847, des hommes politiques, peu exigeants en vérité, demandaient au gouvernement l'abaissement du cens électoral et l'adjonction des capacités. Le gouvernement refusait. De bonnes raisons, il n'en donnait pas non plus. Je ne sais même pas s'il en donnait de mauvaises. Cette résistance fut la cause de la révolution de 1848, qui ne se contenta naturellement pas du projet, c'était son droit de révolution, et qui nous dota du suffrage universel, c'est-à-dire du cens nul et de l'adjonction non seulement de toutes les capacités masculines, mais de toutes les incapacités possibles du même sexe. Aujourd'hui, bien ou mal, le suffrage universel fonctionne pour les hommes et rien ne le supprimera plus. Les femmes 192 arrivent à leur tour et disent: «Et nous? Nous demandons l'adjonction de nos capacités.» Quoi de plus conséquent? quoi de plus raisonnable? quoi de plus juste?

Quelle différence constatez-vous entre l'homme et la femme, pour refuser à celle-ci le droit de voter, quand vous l'avez donné à celui-là? Aucune différence.

Et le sexe?

—Quel sexe?

—Le sexe de la femme.

—Qu'est-ce qu'il a à faire là dedans, le sexe de la femme? Rien; pas plus que le nôtre. La femme n'a pas la barbe de l'homme, mais l'homme n'a pas les cheveux de la femme. Quant aux autres dissemblances, elles sont tellement à l'avantage de la femme, que nous ferons mieux de ne pas en parler. 193

—Soyons sérieux.

—Je le veux bien.

—Il ne s'agit pas de son sexe physique, il s'agit de son sexe moral.

—Je ne comprends pas.

—C'est pourtant bien clair. Par son sexe, la femme est plus faible que l'homme, et la preuve, c'est que l'homme est continuellement forcé de la défendre.

—Nous la défendons si peu que, comme vous venez de le voir plus haut, elle est forcée de se défendre toute seule à coups de revolver, et nous avions pris si peu de précautions en sa faveur, que nous sommes ensuite forcés de l'acquitter.

—*Ce sont des cas exceptionnels*; mais il est notoire que, comme intelligence, la femme est inférieure à l'homme. Vous l'avez écrit vous-même.

194 —Si je l'ai écrit, j'ai écrit une bêtise, et je change d'opinion aujourd'hui. Je ne serai pas le premier qui aura écrit une bêtise, ni le premier qui aura changé d'opinion, voilà tout. Mais, cette bêtise, je ne l'ai jamais dite; on me l'aura fait dire, ce qui n'est pas équivalent, mais ce qui est très commode dans la discussion.

—Si vous n'avez pas écrit, non pas cette bêtise, mais cette vérité, vous avez eu tort; car elle est écrite et démontrée dans tous les livres de religion, de philosophie, de médecine.

»Nos livres de religion nous disent que la femme a fait perdre le paradis à l'homme, ce qui n'est peut-être pas bien sûr et ce qui, en tout cas, prouverait qu'à l'origine du monde, si l'on en croit cette Bible à laquelle 195 M. Bradlaugh ne veut pas croire, la femme non seulement n'était pas inférieure, mais était supérieure à l'homme puisqu'elle lui faisait faire ce qu'elle voulait. C'est peut-être pour cela que vous ne voulez pas la laisser voter, dans la crainte qu'elle ne vous fasse encore perdre le paradis que nous avons reconquis et que nous habitons, comme chacun peut voir. Mais les livres de religion indous, antérieurs aux livres de notre religion de sept ou huit mille ans, disent, au contraire, qu'Adam a perdu le paradis malgré les conseils de sa femme Ève, qui ne voulait pas lui laisser franchir les limites que Dieu avait fixées à ce paradis. Je trouve aussi dans nos livres de religion, quand j'y reviens, que la femme écrasera la tête du serpent, tout en étant 196 mordue au talon. Prenez donc garde; les livres de religion ne s'entendent pas très bien; en tout cas, l'homme y paraît bien au-dessous d'elle. Quant aux livres de philosophie, ils nous conseillent d'éviter le plus possible le commerce des femmes, parce que ces êtres séduisants sont capables d'écarter l'homme de ses grandes destinées et de le dissoudre dans le sentiment. Les philosophes constatent ainsi, non pas l'infériorité certaine de la femme, mais la faiblesse possible de l'homme. Pour les livres de médecine, ils établissent tout bonnement que l'homme et la femme sont deux êtres de fonctions différentes, apportant chacun dans la fonction qu'il accomplit les forces nécessaires à cette fonction. Ils vous démontreront ensuite que, si la force musculaire de 197 l'homme est plus grande que celle de la femme, la force nerveuse de la femme est plus grande que celle de l'homme; que, si l'intelligence tient, comme on l'affirme aujourd'hui, au développement et au poids de la matière cérébrale, l'intelligence de la femme pourrait être déclarée supérieure à celle de l'homme, le plus grand cerveau et le plus lourd comme poids, étant un cerveau de femme, lequel pesait 2,200 grammes, c'est-à-dire 400 grammes de plus que celui de Cuvier. On ne dit pas, il est vrai, que cette femme ait écrit l'équivalent du livre de Cuvier sur les fossiles.

»Mais, comme, pour déposer un vote dans une urne, il n'est pas plus nécessaire d'avoir inventé la poudre, comme le prouvent suffisamment les sept millions 198 d'électeurs que nous avons en France, que de porter 500 kilos sur ses épaules, je ne vois pas en quoi l'infériorité musculaire de la femme, défalcation faite, cependant, des femmes de la halle, des porteuses de galets et des acrobates femelles, je ne vois pas en quoi l'infériorité musculaire de la femme lui interdirait de voter. En revanche, je vois beaucoup de raisons pour le contraire. Si madame de Sévigné vivait de nos jours, elle n'amènerait certainement pas d'un coup de poing le 500 sur la tête du Turc, à la fête des Loges; est-ce pour cela qu'elle ne voterait pas; car madame de Sévigné ne voterait pas, et maître Paul, son jardinier, voterait. Pourquoi? Quel inconvénient verriez-vous à ce que madame de Sévigné votât tout comme son jardinier?

199 — Mais, madame de Sévigné est *une exception,* et on ne modifie pas les coutumes, les idées et les lois de tout un pays pour une exception.

— Et, sa grand'mère, madame de Chantal? Et madame de la Fayette? Et madame de Maintenon? Et madame Dacier? Et madame Guyon? Et madame de Longueville? Et madame du Châtelet? Et madame du Deffand? Et madame de Staël? Et madame Rolland? Et madame Sand?

— *Toujours des exceptions.*

— Un sexe qui fournit de pareilles exceptions a bien conquis le droit de donner son avis sur la nomination des maires, des conseillers municipaux et même des députés. Mais les exceptions ne s'arrêtent pas là. Et Clotilde, qui a fait convertir les Francs, et nous, par conséquent, au catholicisme, 200 croyez-vous qu'elle ait eu quelque influence sur Clovis, et les destinées de notre pays? Et Anne de Beaujeu et la bonne reine Anne, et Blanche de Castille, et Élisabeth de Hongrie, et Élisabeth d'Angleterre, et Catherine la Grande, et Marie-Thérèse.

— C'étaient des reines.

— Cela ne change pas leur sexe, et, si elles ont régné comme elles l'ont fait, elles ont prouvé qu'elles pouvaient régner par l'intelligence et l'énergie aussi bien que les hommes. Jamais on ne me fera croire que des femmes qui peuvent être reines comme celles-là, malgré leur sexe, ne puissent pas être électeurs à cause de leur sexe.

—Mais enfin il n'y a pas que ces femmes-là; il y a la masse des femmes, n'ayant 201 aucune idée et aucun sens de la politique et du gouvernement.

—Sens peu difficile à acquérir, si j'en juge par les hommes qui prétendent l'avoir. En effet, il y a la masse des femmes, c'est-à-dire toutes celles, dont tous les hommes distingués disent: «Ma mère était la plus intelligente et la plus honnête des femmes; sans elle, je ne serais pas ce que je suis.» Je ne sais pas pourquoi tant de femmes obscures, mais honnêtes et intelligentes, ne voteraient pas aussi justement que tous les gredins et imbéciles d'un autre sexe.

—Mais, enfin, vous le disiez tout à l'heure, ici même, deux cents lignes plus haut, les devoirs doivent être égaux aux droits, et les femmes ne font pas et ne peuvent pas faire la guerre comme les hommes.

202 —Et Jeanne de France, et Jeanne de Flandres, et Jeanne de Blois et Jeanne Hachette? à propos de laquelle Louis XI donna le pas aux femmes sur les hommes dans les processions de la fête de Beauvais, qu'elle avait si bien défendu, à la tête des autres femmes de la ville, contre Charles le Téméraire? Et Jeanne d'Arc, enfin? Alors aucune de ces femmes, ayant fait de nos jours ce qu'elles ont fait de leur temps, ne serait admise à élire des représentants dans le pays qu'elles auraient sauvé? C'est bien comique.

—Ces femmes ont été très extraordinaires certainement, et elles font grand honneur à leur sexe; mais *ce sont des exceptions*, et plus elles ont été extraordinaires, plus elles ont prouvé que ce qu'elles faisaient était en dehors de leur 203 sexe. Quelques femmes ont été braves et héroïques, comme des hommes de guerre, mais toutes les femmes ne peuvent pas être soldats, tandis que tous les hommes le sont.

—Où avez-vous vu cela? Et ceux qui n'ont pas un mètre cinquante-quatre centimètres de taille, ce qui est, je crois, la taille réglementaire pour être enrôlé? Et les bossus? Et les bancals? Et les myopes? Et les phtisiques? Et tous les souffreteux? Et les soutiens de famille? Et les fils des septuagénaires. Et les prix de Rome? Et ceux qui tirent un bon numéro, c'est-à-dire trois cent cinquante sur cinq cents et qui ne sont plus astreints qu'à un service que toutes les femmes pourraient faire? Et les cent cinquante mille prêtres de

France? Est-ce que tous ces hommes-là 204 portent le fusil? et cependant ils votent. La femme ne doit pas être soldat parce qu'elle a mieux à faire que de l'être: elle a à l'enfanter, et, quand il passe un conquérant comme Napoléon qui lui tue dix-huit cent mille enfants, si elle n'a pas eu, comme femme, le droit de voter contre cette forme de gouvernement, elle a bien gagné comme mère, par sa fécondité, ses angoisses et ses douleurs, le droit de voter contre lui s'il voulait revenir. Non; toutes les objections que l'on fait contre le droit que réclame mademoiselle Hubertine Auclert et que bien d'autres réclameront prochainement, toutes ces objections sont de pure fantaisie.

»Quand la loi française déclare la femme inférieure à l'homme, ce n'est jamais pour libérer la femme d'un devoir vis-à-vis 205 de l'homme ou de la société, c'est pour armer l'homme ou la société d'un droit de plus contre elle. Il n'est jamais venu à l'idée de la loi de tenir compte de la faiblesse de la femme dans les différents délits qu'elle peut commettre; au contraire, la loi en abuse. C'est ainsi qu'elle permet à l'enfant naturel de rechercher sa mère, mais non son père; c'est ainsi qu'elle permet au mari d'aller où bon lui semble, de s'expatrier sans la permission de sa femme, et, en cas d'adultère, de sa part à elle, bien entendu, de lui retirer sa dot et même de la tuer. Quant à la femme veuve ou non mariée, elle est absolument assimilée à l'homme dans toutes les responsabilités imposées à celui-ci. Ce serait bien le moins cependant que, comme l'héroïne de Domrémi, 206 ayant été au danger, elle fût à l'honneur. Quand une femme libre exerce une industrie quelconque, elle a besoin d'une patente, elle doit tenir des livres en règle; si elle ne paye pas ses effets de commerce, on la poursuit, on la met en faillite. Si, comme mademoiselle Hubertine Auclert, elle refuse de payer l'impôt, on lui fait des sommations avec frais, tout comme à moi; on lui vend ses meubles et jusqu'à ses dernières nippes, et elle est forcée de payer, comme je paye. Si elle vole, si elle fait des faux, on l'arrête, on l'emprisonne, on la condamne. Il ne vient jamais à l'idée de la loi de dire: «Cette pauvre petite femme! elle peut ne pas payer son loyer, ses billets ou ses impositions; elle peut voler dans les magasins et faire des faux en écriture privée ou 207 publique, laissez-la faire, c'est un être irresponsable, faible et inférieur à l'homme.»

»Il commence à lui être permis de tirer des coups de revolver sur les hommes ou de jeter du vitriol à la figure de ses semblables; mais nous avons vu que c'est encore par la faute de la loi; et c'est justement pour que la loi et la morale soient plus respectées qu'elles ne sont que nous demandons que les femmes soient admises, par leur concours au vote et par conséquent aux lois, à la connaissance et par conséquent au respect des lois qu'elles auraient contribué à faire. De deux choses l'une, ou, malgré leur admission au scrutin, la loi ne sera pas modifiée, en ce qui les regarde, et ce serait bien extraordinaire, car elles auront 208 soin de nommer des hommes décidés à obtenir les modifications nécessaires, urgentes que nous réclamons, ou la loi sera modifiée. Dans le premier cas, la femme saura bien que l'homme a le droit de la prendre à partir d'un certain âge, de la rendre mère, de l'abandonner avec son enfant, sans qu'elle ait le droit de rien lui dire et encore moins de le tuer ou d'estropier les femmes qui passent dans la rue; et alors vous pourrez condamner ces femmes comme de vulgaires meurtrières qui, après s'être mariées ou données en sachant bien à quoi elles s'exposaient, tuent ou se vengent en sachant bien à quoi elles s'exposent; dans le second cas, justice sera faite d'avance, et, les droits de l'homme et de la femme étant égaux, leurs responsabilités seront les mêmes.

209 — Alors, c'est sérieux; vous demandez que les femmes votent?

— Tout bonnement.

— Mais vous voulez donc leur faire perdre toutes leurs grâces, tous leurs charmes. La femme...

— Nous voilà dans les platitudes! Soyez tranquille, elles voteront avec grâce. On rira encore beaucoup dans le commencement, puisque, chez nous, il faut toujours commencer par rire. Eh bien, on rira. Les femmes se feront faire des chapeaux à l'urne, des corsages au suffrage universel et des jupes au scrutin secret. Après? Ce sera d'abord un étonnement, puis une mode, puis une habitude, puis une expérience, puis un devoir, puis un bien. En tout cas, c'est déjà un droit. Quelques belles dames dans les villes, quelques 210 grandes propriétaires dans les provinces, quelques grosses fermières dans les campagnes, donneront l'exemple et les autres suivront. Elles auront des réunions, des assemblées, des clubs comme nous; elles diront des bêtises comme nous, elles en feront comme nous, elles les payeront comme nous, et elles apprendront peu à peu à les réparer, comme nous. Un peu plus mêlées à la politique de l'État, elles feront moins de propagande à celle de l'Église, ce ne sera pas un mal.»

Nous entendons tous les jours des gens se plaindre, et quelquefois avec raison, du suffrage universel, où nombre d'électeurs ne savent même pas lire le nom qu'ils déposent dans l'urne et pour lesquels il faut le faire imprimer, incapables qu'ils seraient de voter, s'il leur fallait l'écrire. 211 Les gens qui se plaignent réclament le suffrage à deux degrés; eh bien, voilà une excellente occasion de faire l'expérience de ce suffrage, en l'appliquant aux femmes pour commencer. Enfin la preuve que la chose est possible c'est qu'elle existe déjà.

Je lis dans un journal:

«Une loi récente de New-York a donné aux femmes le droit de participer à l'élection des directeurs et des administrateurs des écoles publiques. Les partisans des droits de la femme font une propagande très active en vue d'obtenir que, le 12 octobre prochain, les nouveaux électeurs prennent part au scrutin dans les 11,000 districts scolaires de l'État de New-York. Un premier essai fait ces jours derniers dans quatre localités, et notamment à Staten-Island, dans la banlieue de New-York, a donné des 212 résultats assez satisfaisants. On pense généralement, dit le Herald, que les femmes, quand elles votent, suivent les indications de leurs maris, à moins toutefois qu'il ne s'agisse pour elles d'une manifestation faite en masse contre leur ennemi commun: l'homme. Cette supposition se trouve contredite par le résultat du scrutin qui a eu lieu à Staten-Island. Sauf les cas où le vote du meeting a été unanime, les voix féminines ont été généralement partagées; il y a même eu, à un moment donné, un mouvement d'hilarité générale, quand, une femme ayant voté non immédiatement après que son mari venait de voter oui, celui-ci a félicité sa moitié d'avoir eu le courage de son opinion.»

C'est concluant.

Donc, la femme, c'est-à-dire la mère, l'épouse, la fille, cette moitié de nous-mêmes à tous les âges de la vie, ayant, 213 ainsi que nous, devant la loi, toute la responsabilité de ses devoirs, comme personne publique; ayant, plus que nous, comme personne privée, devant l'opinion, la responsabilité de ses sentiments; cet être vivant, pensant, aimant, souffrant, ayant un cerveau, un cœur, une âme tout comme nous, si décidément nous en avons une, a aussi des besoins, des aspirations, des intérêts particuliers, des progrès à accomplir, et, par conséquent, des droits à faire valoir, qui veulent, qui doivent être représentés directement dans la discussion des choses publiques, par des délégués nommés par elle. Établissez cette loi nouvelle du vote des femmes, comme vous l'entendrez, au commencement, avec toutes les précautions et toutes les réserves possibles dans ce pays à qui 214 la routine est si chère; mettez les élections à un, à deux, à trois degrés, si bon vous semble, mais établissez cette loi. Il doit y avoir à la Chambre des députés des femmes de France. La France doit au monde civilisé l'exemple de cette grande initiative. Qu'elle se hâte. L'Amérique est là qui va le donner.

Ces premiers députés des femmes ne seront pas, ne doivent pas être nombreux tout d'abord à l'Assemblée nationale, je l'accorde, mais ils auront un grand avantage sur leurs collègues, ils sauront bien ce qu'ils viennent y faire. Les députés de la République n'étaient pas nombreux non plus en 1854, ils étaient cinq. Ils sont la majorité aujourd'hui. Les majorités, il est vrai, ne prouvent rien, quand les minorités sont bien convaincues et bien 215 unies. Les majorités ne sont que la preuve de ce qui est; les minorités sont souvent le germe de ce qui doit être et de ce qui sera. Avant dix ans, les femmes seront électeurs comme les hommes. Quant à être éligibles, nous verrons après; si elles sont bien sages.

«Mais alors, me demandera à son tour quelque dame pieuse et disciplinée qui croit sincèrement que l'humanité doit se tirer éternellement d'affaire avec les Codes et les Évangiles, avec le droit romain et la foi romaine; mais alors où allons-nous, monsieur, avec toutes ces idées-là?»

Eh! madame, nous allons où nous avons toujours été, à ce qui doit être. Nous y allons tout doucement parce que nous avons encore des millions d'années devant nous et qu'il faut bien laisser quelque chose 216 à faire à ceux qui viendront plus tard. Pour le moment, nous sommes en train de délivrer la femme; quand ce sera fait, nous tâcherons de délivrer Dieu; et, comme alors il y aura entente parfaite entre les trois corps d'état éternels, Dieu, l'homme et la femme, nous verrons plus clair et nous marcherons plus vite.

A. DUMAS FILS

9 septembre 1880.

CPSIA information can be obtained
at www.ICGtesting.com
Printed in the USA
BVOW06*1232231017
498406BV00010B/172/P